Teneriffa

meine zweite Heimat

In Liebe und Dankbarkeit für alle meine Freunde und die deutsch-spanische Freundschaft

Helga Koch

Teneriffa

meine zweite Heimat

Bibliografische Information der Deutschen Nationalbibliothek:
Die Deutsche Nationalbibliothek verzeichnet diese Publikation in der Deutschen Nationalbibliografie; detaillierte bibliografische Daten sind im Internet über http://dnb.dnb.de abrufbar.

© 2014 Helga Koch
2. Auflage 2015
Lektorat und Layout: Elfi Braschel
Herstellung und Verlag:
BoD – Books on Demand, Norderstedt
ISBN: 978-3734795978

PROLOG

Was hat mich bewogen, ein Buch über unser Leben und Treiben im Winter auf der wunderschönen Insel zu schreiben? Eine kleine Schar von Getreuen motivierte mich, nachdem ich den zweiten Teil meines Lebenswerks „Späte Jahre" an die Öffentlichkeit gebracht hatte. Man muss seine Ideen verwirklichen, sonst wuchert Unkraut darüber.

Nach dem Buch ist vor dem Buch. Die Reisende heißt *Ich,* und an ihrer Seite ist der – wie ich meine – geduldige Ehemann Hermann zu finden.

Ein Reisetagebuch, bei dem es nicht auf die einzelnen Tage ankommt, sondern auf Begegnungen, Szenen und Bilder, auf Landschaften und Leute. Dieses Buch enthält, wie schon in meinem Buch „Späte Jahre", kleine Geschichten, Momentaufnahmen, Eindrücke, Überzeugungen und Zitate, die mir bei meiner Lebensgeschichte helfen, diese zu deuten. Die Reihenfolge wird nicht immer einer inneren Logik folgen.

Ich setze mich hin und fange an. Mir fällt immer etwas ein. Früher ohne lange nachzudenken, heute brauche ich Geduld und Zeit. Später überarbeitet, habe ich allerdings oft etwas gelöscht. Der erste Entwurf ist meist der beste, der natürlichste.

Zuerst habe ich gezögert, dann dachte ich, dass es doch schade wäre, wenn all das Erlebte, ja, das Wunderbare, nicht festgehalten würde: Gewohntes zu verlassen, aufzubrechen und auszubrechen aus den eigenen Gleisen. Bewusst einmal den Alltag unterbrechen, mutig einen Schritt wagen, sich neu orientieren – das kann so gut und so hilfreich sein. Und Papier ist geduldig.

Diese kanarische Insel gleicht einem Chamäleon. Eben hat man sich noch inmitten eines von Nebelschwaden durchzogenen Kiefernwaldes befunden, da verwandelt sich die Teide-Landschaft kurze Zeit später und wechselt zu blauem Himmel und Sonnenschein. Nach einem ausgiebigen Sonnenbad an den herrlichen Stränden lohnt es sich, sich eine Abkühlung in den Fluten zu gönnen.

Ich werde von manchem Herzklopfen in der „Fremde" berichten, aber auch von Freude auf Neues. Vor allen Dingen stand am Anfang das Lernen der Sprache.

Überall in Teneriffa sind diese herrlichen Blumen zu finden.

8

Der erste Urlaub auf einer kanarischen Insel

Angefangen hatte es auf der Insel Fuerteventura. Diese Insel besuchte ich mit meiner Cousine Wally. In kleinen Schritten die eingefahrenen Alltagsgleise zu verlassen, das war damals unser Ziel. Beide hatten wir es aus gesundheitlichen Gründen nötig, sich mal nicht treiben zu lassen, sondern bewusst gegenzusteuern, langsam zu gehen, stehen zu bleiben, Ausschau zu halten. In der wärmenden Sonne der Kanaren ein paar Stunden am Meer zu sitzen und zu genießen.

„Gib jedem Tag die Chance, der schönste deines Lebens zu werden" - so bringt es der englische Schriftsteller Mark Twain auf den Punkt.

Wir liebten den Oktober mehr denn je. Obwohl wir gleich alt sind, hatten wir noch nie viel Zeit miteinander verbracht. Auch waren wir sehr verschieden. Einst, in der fernen Heimat Ostpreußen, hatten wir lediglich die Geburtstage zusammen gefeiert. Die Flucht 1945 hatte alle Familien auseinander gerissen, man hatte sich förmlich verloren. Endlich konnten wir Kindheitserinnerungen austauschen, wir waren rund um die Uhr mit Erzählen beschäftigt. Oft schlossen wir die Augen und träumten vor uns hin. Mit frisch gepresstem Orangensaft stillten wir mehrmals täglich unseren Durst.

Die Zeit kam sanft und langsam auf uns zu. Eine Weile blieb sie für uns stehen. Beim Abschied gingen wir eine Weile wortlos nebeneinander her. Wir hatten uns nichts Neues mehr zu erzählen.

Noch im gleichen Jahr zu Weihnachten schenkte mir mein Mann einen Urlaub auf der Insel Gran Canaria. Diesmal mit ihm zusammen. Wir wollten ein Zeitfenster füreinander öffnen. Beide merkten wir, dass uns das Klima auf den Kanaren verwandelt. Ärzte hatten seit langem empfohlen, den Jahresurlaub auf den Inseln des ewigen Frühlings zu verbringen. Auf *Gran Canaria* lernten wir ein nettes Ehepaar aus Görlitz kennen.

Mit Inge und Horst fing dann der Urlaub auf Teneriffa an. Drei Jahre hintereinander verbrachten wir gemeinsam wunderschöne Urlaubstage in wirklich guten Hotels in *Las Americas*. Im dritten Jahr besuchten wir mit einem Mietauto unter anderem auch die *Costa del Silencio*. Der Zufall wollte es, dass wir einer alten Dame aus Markdorf begegneten, die dort im Hause *Chasna C* seit Jahren ein Appartement besaß. Für uns aus Friedrichshafen hoch interessant, Markdorf ist etwa neun Kilometer von unserem Wohnsitz in Deutschland entfernt. Jedenfalls verbrachten wir im Jahr darauf unseren Urlaub in diesem Gebäude, das auf den ersten Blick einem Seniorenheim ähnelt. Die Wohnung hatte uns Johanna Nedela, eine Markdorferin, vermittelt. Diese Bleibe war primitiv, aber sauber und preisgünstig.

Das Haus ist direkt am Meer gelegen und verfügt auch über einen eigenen Pool. Hausmeister, Gärtner und eine sehr fleißige Putzfrau sind vorhanden. Es herrscht eine wunderbare Ruhe, besonders abends. Die meist älteren Leute ziehen sich gerne zum Fernsehen oder Spielen in ihre Wohnungen zurück.

Mindestens dreihundert Sonnentage gibt es im Jahr, das Klima bleibt mild und angenehm, weshalb auch die Insel den Beinamen „Insel des ewigen Frühlings" erhielt. Das Eiland ist ein wahres Paradies für Erholungssuchende, aber auch für Aktive wird sehr viel geboten. Die Liste der Sportangebote ist sehr lang. Und wer gerne wandert, kommt immer wieder nach Teneriffa zurück, ob Jung oder

Alt. Man kann hier wirklich von einem Wanderparadies sprechen.

Meine Osteoporose war inzwischen weit fortgeschritten, ich lebte nur noch mit Schmerzen und musste befürchten, nicht mehr lange ohne Rollstuhl auszukommen. Meine Haltung verschlechterte sich, meine Schaffenskraft nahm rapide ab.

Auch Hermanns Asthma hatte sich bedeutend verschlechtert, obwohl er das Rauchen längst aufgegeben hatte. Auf der wunderbaren Insel lernten wir viele Leute kennen, die sehr gebrechlich waren und dort wieder neue Lebensfreude gewinnen konnten. Unser Leben sollte eine neue Wendung nehmen: Wir brauchten Wegweiser und Stoppschilder.

Während unseres dreiwöchigen Urlaubs fingen wir an, uns auch für ein eigenes Appartement zu interessieren. Zunächst fiel mein Geburtstag in diese Zeit. Zu der Zeit wohnten wir in der Wohnung, die einem gewissen Herrn Salzmann gehörte. Da Johannas Wohnung, die wir später gekauft haben, gemütlicher und besser eingerichtet war als die von Herrn Salzmann, unsere damalige Unterkunft, lud sie uns ein, bei ihr den Geburtstagskaffee auszurichten. Kuchen und Kaffee brachten wir mit, ansonsten hatte die alte Dame uns mit einem sehr hübsch gedeckten Tisch überrascht. Es war im Haus wohl schon bekannt, dass Kochs sich für die *Costa del Silencio* interessierten. Jedenfalls war unsere Gastgeberin gut informiert. Sie gab uns zu verstehen, dass sie aus Altersgründen zurück nach Deutschland ziehen würde. Ihr Mann war verstorben, die Dame stand kurz vor ihrem 80. Geburtstag, und die Kinder in der Heimat wollten sich um einen Heimplatz für die Mutter umsehen.

War es Zufall oder Fügung? Wir hatten eine schlaflose Nacht und waren schließlich der Überzeugung, es sei tatsächlich Fügung. Zuerst fragten wir unsere Tochter Gerlinde nach ihrer Meinung. Sie bot uns sogar bei Bedarf finanzielle Unterstützung an, die wir aber nicht annehmen mussten. Alle Kinder waren sofort einverstanden - ob sie es allerdings gleich glauben konnten, weiß ich nicht. Wir machten Nägel mit Köpfen und unterzeichneten einen Vorvertrag. Wenn ich mich recht erinnere reichten der Dame 5.000 DM als Anzahlung. Über einen Notar in Deutschland konnten wir alles abwickeln. Selbstverständlich brauchten wir eine spanische Übersetzung und einiges an Dokumenten. Hermann war zu dem Zeitpunkt noch berufstätig, also benötigte ich auch noch seine Vollmacht. Gerlinde, die Spanisch spricht, nahm sich die Zeit und flog mit mir auf die Insel - alleine war mir das Risiko zu groß.

Jedes Jahr in der Karwoche entstehen solche Wunderwerke aus Sand am Strand von Las Americas.

Es war im Juli 1997 – an einem „13."

*I*m Juli 1997 wurden die Vorbereitungen getroffen, bereits am 13. August bekamen wir auf dem Notariat in *Los Cristianos* die „*Escritura*" (Dokument) ausgehändigt. Volker und Uwe, die Söhne von Frau Nedela bevollmächtigten Ingrid Fariña Torres, uns die Wohnung, *Chasna C*, Apto. 238, zu verkaufen und sie bei sämtlichen Handlungen, die zur ordnungsgemäßen Abwicklung erforderlich waren, zu vertreten. Dies geschah am 10. Juni 1997, also schon drei Monate nachdem wir uns entschlossen hatten, die Wohnung in *Costa del Silencio*, im Süden der Insel Teneriffas, so umzugestalten, dass wir diese als zweiten Wohnsitz, als Alterswohnsitz, mit Freuden annehmen konnten.

Schon als Kind habe ich es vermieden, darüber nachzudenken, was alles noch schief gehen könnte. Vielleicht neige ich ein bisschen dazu, manches zu idealisieren? Ich ahnte damals nicht, dass wir die Wohnung mitsamt mindestens 500 Kakerlaken übernehmen würden.

Das Geld für den Wohnungskauf hatten wir schon dem Sohn in Gundelfingen überbracht, der sich ganz in seiner Nähe um einen Platz im Altersheim für seine Mutter, ehemals Lehrerin im Bildungszentrum Markdorf, umgesehen hatte.

Wenn ich mir etwas wünschen konnte zu Beginn unseres Inselaufenthaltes, dann dies: Dass wir gemeinsam bewusst und freudig sehen und genießen können, was uns die Natur zeigt und gibt und Gott und die Menschen um uns herum schenken.

Mein Mann ist ein waschechter Schwabe, und es wunderte mich sehr, dass er sich von mir überreden, ja, überzeugen ließ, diesen Schritt zu wagen. Ganz sicher spielte sein angeschlagener Gesundheitszustand eine große Rolle.

Oder war es vielleicht doch Verlockung? Konnte mein Mann, der zeitlebens gerne seine eigenen Wege gegangen war, tatsächlich den Lebensabend neu gestalten und in der relativ kleinen Wohnung von rund 51 Quadratmetern, also auf engerem Raum, mit mir zusammen glücklich sein? Bewohnen wir doch in Friedrichshafen 154 Quadratmeter mit viel Drum und Dran. Es gibt keine Erklärung dafür, und es braucht auch gar keine zu geben. Ich erinnere mich an die Zeit, als wir beide auf dem Wasser trieben und nicht von der Stelle kamen, uns aber gegenseitig über Wasser hielten. Meine eigene Stimme sagte mir: Nutze diesen Augenblick und freu dich.

Auf das neue Leben konnte ich sehr gespannt sein.

Ich weiß, dass das Alter nicht immer leicht zu ertragen, dass es aber mit all seinen möglichen Gebrechen „normal" ist. Für einen jüngeren Menschen ist dies sicher noch nicht greifbar.

Für die meisten Menschen endet das Berufsleben spätestens mit Mitte sechzig. Die einen ziehen sich zurück, die anderen blühen jetzt erst richtig auf und entdecken die Welt. Wir wollten noch etwas erleben, doch der Hauptgrund für unser zweites Leben auf Teneriffa war die angeschlagene Gesundheit. Früher starben die Menschen jünger, während sie heute so lange leben, dass sie ihre Enkel aufwachsen sehen. Eigentlich eine wunderbare Zeit, wenn da nicht diese Zeichen von Schwäche und die zunehmenden Krankheiten wären. Im Gegensatz zu früher ist es heute aufgrund höherer Lebenserwartung möglich, über sein Leben Bilanz zu ziehen. Ein langes Leben erleichtert vielen den Rückblick, abzurechnen oder sich mit sich und anderen zu versöhnen. Und das kann man auch dann noch, wenn man etwas schwächer wird. Fällt es einem eventuell leichter, von dieser Welt zu gehen, wenn man lange lebt?

Hier stehe ich vor 15 Jahren. Damals gab es noch viel braches Land, heute ist alles bebaut. Im Hintergrund ist die Wohnanlage *Chasna C* zu sehen, in der wir unsere Wohnung gekauft haben.

Mitten im Winter: Kurze Hosen und Blumenpracht

Costa del Silencio – der Ort,
an dem wir die Chancen unseres Lebens erkannten

Nicht da ist man zu Hause, wo man seinen ständigen Wohnsitz hat, sondern da, wo man verstanden wird, wo es einem gut geht.

„Reif für die Insel" - nicht immer sind diese vier Worte nur ein Synonym für eine kurze Auszeit in fernen Gestaden. Manchmal stehen sie auch für eine entscheidende Wendung im Leben. Einsteigen statt aussteigen. Unter den Insulanern sind wir schnell heimisch geworden. Unseren Lebensmittelpunkt hatten wir gefunden.

Glücklich leben und glücklich sein: Glücksgüter sind Nahrung, Einkommen und Auskommen, Gesundheit, gute Beziehungen und Freundschaften, erfüllende Tätigkeiten. Wenn wir beim Glück allerdings nur auf die Güter schauen, dann wird uns sofort bewusst, dass wir das Mosaik wohl nie so zusammen kriegen, dass es ganz und gar vollständig wäre. Es fehlt immer noch etwas zur Vollkommenheit.

Vollkommenes Glück – das wäre was! Doch das gibt es nicht.

Martin Luther übersetzt zum Beispiel das Wort „Glück" im Psalm 78 sinngemäß mit den Worten Zuversicht und Zufriedenheit. Darin ist das Wort „Friede" enthalten.

In Frieden ein neues Jahr zu beginnen und zu leben ist das Beste, was uns passieren konnte.

16

Neugierig auf das Teneriffa-Leben

*I*m Süden von Teneriffa wohnte Hannelore, eine gute Bekannte aus Ravensburg, mit ihrem Sohn. Sie hatte sich von ihrem Mann getrennt und auf der Insel einen Neuanfang gewagt. Die Betonung lag auf „gewagt". Hannelore verkaufte in *Las Americas* an der Uferstraße Armbänder, als ich sie zum ersten Mal entdeckte. Damals war sie noch dankbar für jede kleine Unterstützung. Sie zeigte sich uns gegenüber aber auch sehr hilfsbereit, etwas Spanisch hatte sie schon gelernt und jede Menge Erfahrung gesammelt, die auch uns zugutekam. Diese Bekannte war es auch, die uns überzeugte, dass wir diesen zweiten Wohnsitz auf der Sonneninsel nie bereuen würden. Außerdem wusste sie uns in ihrer Nähe. Sie brauchte uns, ganz besonders ihr Sohn Ingo, der damals erst im zweiten Schuljahr war. Ingo hatte natürlich mit der Sprache die größten Schwierigkeiten – schreckliches Heimweh kam bei ihm dazu. Und *wir* brauchten Hannelore mit ihrer inzwischen gesammelten Auslandserfahrung.

Inzwischen ist Ingo erwachsen und lebt wieder in Deutschland. Erst wohnte und arbeitete er bei seinem Vater, inzwischen ist er selbstständig. Hannelore lebt seit Jahren auf Mallorca und scheint dort glücklich zu sein.

Es war soweit! Wir waren Besitzer des Appartements Nr. 238 in *Chasna C, Costa del Silencio* (Küste der Ruhe), also ganz im Süden der wunderschönen Insel. Im Verhältnis zu den Touristen-Hochburgen *Las Americas, Los Cristianos* und den Touristen-Anziehungspunkten im Norden der Insel ist es bis heute noch sehr ruhig und erholsam bei uns. Natürlich finden Erholungssuchende rund um die Insel ihr Plätzchen.

Generell bin ich ein sehr positiver Mensch, trotz aller Widrigkeiten in meinem langen Leben. Das mag an den

Genen liegen, die mir meine geliebte Mutter vererbt hat. Weil ich immer das Positive an den Dingen sehe, bin ich meistens gut gelaunt.

Da ich sehr viel Zeit ohne Hermann auf der Insel verbrachte - einer musste ja immer noch Geld verdienen - hatte ich alle Hände voll zu tun. Die ganze Wohnung musste renoviert, ja, umgekrempelt werden. Die Wohnung war leer und still, ich blickte auf die Sonnenstrahlen, die durchs große Fenster fielen. Ja, damals wirkte ich abwesend und bedrückt.

Zum Glück fand ich erstaunlich schnell einen deutschen Schreiner, dem ich mich ganz anvertrauen konnte. René stammt aus der Gegend von Augsburg, mit ihm konnte ich „Deutsch" sprechen, im Gegensatz zu den vielen guten spanischen Schreinern. Damals war der junge Mann noch nicht verheiratet, er war im Aufbau seines Unternehmens und war noch in der Lage, mir sehr günstige Angebote zu machen. Inzwischen hat er Familie und ist wohl gezwungen, sich anderen Anbietern anzupassen.

Ich hatte wirklich Glück: Prompt und zu unserer vollen Zufriedenheit wurde unsere Wohnung innerhalb von acht Wochen so wohnlich, dass die Freude dort zu leben immer größer wurde. Natürlich hatte ich mit meinem Mann die Neuanschaffungen abgesprochen, er war dann aber doch sehr überrascht, wie schön alles geworden war, als er endlich auch auf der Insel landete. Einen Telefonanschluss bekam man damals noch relativ schnell, das Telefonieren ist nach wie vor preisgünstig. Heute ist ein Festanschluss im Hause Chasna leider nicht mehr zu bekommen. Die beliebten Handys sind zwar praktisch, dafür jedoch wesentlich kostspieliger.

Abendstimmung in Costa del Silencico

Ein Naturschutzgebiet – direkt hinter unserem Haus

Im Schein der Abendsonne
schlug ich beide Hände über dem Kopf zusammen

*M*an konnte wirklich nicht ahnen, dass sich in diesem alten Gebäude auch die Kakerlaken sehr wohl fühlten. Diese abscheulichen Krabbeltiere kommen hauptsächlich in der Dunkelheit zum Vorschein. Als ich anfing, die Wohnung zu räumen und alles neu zu gestalten, stand ich oftmals vor Ohnmachtsanfällen. Allein unter dem Kühlschrank waren gut und gerne 60 tote Kakerlaken. Der lebende Rest freute sich sehr, wenn ich die Kühlschranktür kurz öffnete. Ich hatte alle Mühe, wenigstens meine Lebensmittel zu schützen – denn dieses Ungeziefer hatte auch Hunger! Kaum zog ich die Handtücher aus dem Schrank, wimmelte es sofort um mich herum, bei der Tisch- und Bettwäsche ebenso. Wir hatten ja alles, auch die Textilien, von unserer Vorgängerin mit übernommen.

Draußen vor dem Haus gab es zum Glück schon immer Container, die ich mit Sicherheit hätte randvoll füllen können. So weit kam es gar nicht. Wenn ich ein weiteres Mal runter kam, war sämtliche Wäsche schon von Bedürftigen - Inselbewohnern, die vor mehr als 15 Jahren noch sehr arm waren - längst weggeholt worden. Diese Leute warteten geradezu auf eine weitere Fuhre. Zu meinem Glück konnten sie gar alles gebrauchen. So war das damals. Die vielen Überwinterer, ja, auch Handwerker aus Deutschland und anderen Ländern, die sich seit vielen Jahren auf allen Kanarischen Inseln angesiedelt hatten, brachten zum Glück auch den Wohlstand mit.

Ohne den netten deutschen Schreiner, der mich gut und fachmännisch beraten konnte, hätte ich, glaube ich, in meiner Verzweiflung die Wohnung verschenkt!

Und dann gab es noch Freimut, von Beruf Raumausstatter. Dieser Mann brachte Licht in die Dunkelheit - zwar meistens mit einer Flasche Bier in der Hand - aber Freimut arbeitete preiswert und ordentlich. Freimut besaß ein Auto und gemeinsam suchten wir Farben und Fliesen aus, eben alles, was zur Um- und Neugestaltung einer Wohnung nötig war. Freimut machte ein gutes Geschäft, und ich war glücklich.

Ich weiß nicht mehr, ob es der Schreiner oder mein Boy war, der damals die gesamte alte Küche abriss und zum Schrott stellte.

Gleich am ersten Tag, nachdem die Schlafzimmerwände gestrichen und die Fußböden geschrubbt waren, wurden mir schon die neuen Schlafzimmer-Möbel geliefert. In *Las Chafiras* gab es schon ein deutsches Bettenhaus. Diese Firma nahm zum Glück auch die gesamten alten Möbel mit, auch dafür gab es reichlich Abnehmer. Diese Möbel wurden unweit vom Möbelhaus abgestellt und fanden augenblicklich einen neuen Besitzer. Hübsche Bettwäsche hatte ich von zu Hause mitgebracht - natürlich auch Handtücher und eben nette Dinge, die man gerne um sich hat. Dadurch, dass meine Gerlinde erstmals mit mir flog und man derzeit noch dreißig Kilogramm Gepäck mitnehmen durfte - zusätzlich zehn Prozent - hatte ich die Möglichkeit, es mir in der neuen Umgebung gemütlich und gefällig zu machen. In Friedrichshafen konnte ich ja noch aus dem Vollen schöpfen, mein Ausstellungsraum war noch reichlich gefüllt. Sechsundzwanzig Jahre lang hatte ich alles verkauft, was zum schön gedeckten Tisch gehört.

Abends sank ich übermüdet in mein neues und frisch bezogenes Bett - und in der Hoffnung, den Kampf gegen die Kakerlaken gewonnen zu haben. Sogar die neuen, echt hübschen gelben Gardinen hingen schon. Alles ging prompt, die Geschäftsleute waren froh, wenn sie etwas verdienen konnten.

Der Schock kam bei Nacht. Als ich zur Toilette ging, sah ich überall in der Küche jede Menge von diesen Mistviechern. Ein Heulkrampf befiel mich. Ich wusste zwar, dass ich die Schlafzimmertür gut verschlossen hatte und im Schlafzimmer auch noch alles koscher war. Aber wie sollte es weitergehen? War doch klar! Nachdem die Möbel aus der Küche entfernt waren - nur Herd und Kühlschrank standen noch am Platz - kamen die Käfer in allen Größen aus dem Gemäuer. Der Schreiner war sehr bemüht, so schnell wie möglich die Küchenmöbel zu fertigen und einzubauen. Jedenfalls schlief ich in der drauf folgenden Nacht auswärts bei meiner Bekannten Hannelore. Meine Nerven waren am Ende. Freimut hatte inzwischen auch das Wohnzimmer gestrichen. Die Couchmöbel, ebenfalls aus dem Bettenhaus, waren geliefert worden. Aber ich konnte und wollte keine Nacht mehr alleine in meinem neuen Schlafzimmer zubringen.

Zum Glück war die Küche schneller fertig, als man es sich zum Beispiel heute vorstellen kann. Freimut machte ebenfalls Überstunden, die Herren hatten wirklich Mitleid mit mir. Sogar die massive Wohnungstür war schon eingebaut, als Hermann endlich auch auf der Insel ankam. Es war damals noch eine sehr alte Tür, wie eben die meisten in der Anlage, die man meiner Einschätzung nach mit einem Tritt hätte aufbrechen können. Und nachdem ich vor Überarbeitung noch keine Zeit gehabt hatte, meine Nachbarn kennenzulernen, gab mir die neue Tür mit dem Sicherheitsschloss doch Geborgenheit.

Gemeinsam waren wir dann stark

Auch mit Gerlinde hatten wir im Norden der Insel bereits eine schöne Badeinrichtung und eine Waschmaschine gekauft. Schon damals gab es dort sehr gute Einkaufsmöglichkeiten wegen der vielen Deutschen, die die Insel förmlich überfielen. Sie stellten eben ihre Ansprüche.

Hübsche Bilder, einen Schreibtisch und sonstige nette Gegenstände kaufte ich dann mit Hermann. Bis wir einen Schreibtisch in der Größe fanden, der in den vorgesehenen Platz passte, brauchten wir mehr als eine Woche. Wir mieteten uns dazu einen Leihwagen, aber auch Freimut war immer noch bereit, mit uns auf Tour zu gehen, er kannte sich überall aus und für ihn war es gleichzeitig lohnend.

Aber wer glaubt, die *Kakerlakenplage* sei beendet gewesen, der täuscht sich. Aus allen Leitungen krabbelten die Viecher. Kurz entschlossen machten sich Hermann und Freimut daran, die Badfliesen, die Dusche - eben das ganze Bad zu erneuern. In einer Woche war alles herangekarrt, dank Freimut, und es konnte losgehen. Allerdings bekamen wir den ersten Krach mit den Flurnachbarn. Denen wurde es zu laut, es waren ja schon einige Wochen vergangen und die Kochs machten immer noch endlos Lärm. Endlich war auch mein Mann in seinem Element und zeigte dann jedem voller Stolz unser echt geschmackvoll eingerichtetes, neues Badezimmer. Es war eines der schönsten Bäder damals im Haus. Übertroffen hatte uns nur Karl-Heinz, der schon zusammen mit Gerlinde und mir täglich auf Einkaufsbummel war. Beinahe täglich trafen wir den Hamburger irgendwo in Santa Cruz. Nur mit dem Unterschied, dass die neuen Nachbarn den kompletten Umbau einem Handwerker übergaben und die Wohnung erst bezogen, als alles fertig war. Die liebe Bärbel lernte ich viel später kennen – sie allerdings kannte mich von Anbeginn. Mein Freund Karl-Heinz hatte oft genug von mir berichtet, sodass Bärbel beinahe schon einen Grund hatte, eifersüchtig zu sein. Jedenfalls gefiel mir deren Wohnung mit Blick aufs Meer vom ersten Tag an besser. Dazu war der komplette Umbau der Wohnung sehr gelungen – alles aufwendig und aus Meisterhand.

Die Zeit verging wie im Flug. Als wir dann endlich mal wieder in Friedrichshafen gelandet waren, interessierten sich natürlich einige Freunde für Teneriffa, und wir überließen unsere vermeintlich tolle Wohnung einem befreundeten Ehepaar. Die Schmids waren mit einem Mietwagen täglich unterwegs, ihnen gefiel alles sehr gut - bis auf die Kakerlaken, die nachts, wenn sie heimkamen, herumspazierten.

Als unsere Bekannten heim kamen, berichteten sie uns davon. Ich konnte und wollte es nicht glauben. Schon zwei Tage später flog ich morgens in aller Frühe ab Zürich nach Teneriffa. Hatte somit wieder Gelegenheit, Haushaltsgegenstände mitzunehmen, ich konnte ja immer noch aus dem Vollen schöpfen.

Jetzt hatte ich das Recht der Stärkeren. Zwar kamen die Kakerlaken nur noch vereinzelt vor, aber bekannt ist ja, dass ein Weibchen gut und gern 60 Eier legen kann. Wieder einmal war der gute Freimut gefragt. Ich bestellte für viel Geld einen Kammerjäger, Freimut beachtete alle Anweisungen. Bei der Gelegenheit hatte er wieder einen Job, und das Geld für Alkohol floss erneut. Wieder einmal war ich froh und dankbar, dass es diesen Deutschen gab. Wir hatten die Garantie für ein Jahr bekommen, eine von Ungeziefer freie Wohnung zu besitzen. Und es war tatsächlich so. Immer wieder machten Freunde und Bekannte

Urlaub in unserer Wohnung, von Krabbeltieren gab es Gott sei Dank keine Spur mehr.

Inzwischen kommen im ganzen Haus nur noch vereinzelt Kakerlaken vor, und dies nur noch, wenn eine Wohnung zu lange leer steht und somit die Rohre und Wasserleitungen austrocknen. Aber wenn man auf die Insel kommt, hat man das sofort wieder im Griff. Und jeder weiß ja auch, dass es in den meisten warmen Ländern nicht ohne diese Insekten geht. Wer viel reist und ehrlich ist, kann davon berichten.

Fliegt man nach Hause, legt man einfach sogenannte Kakerlaken-Kissen aus, die es zu kaufen gibt, und ist somit sicher, keine unangenehme Überraschung vorzufinden, wenn man nach Monaten voller Vorfreude in sein Domizil zurückkehrt. In einer sauberen Wohnung fühlen sich diese Tiere sowieso nicht wohl. Seit dem ersten Tag hatten wir Barbara, einer netten Frau aus Deutschland, den Schlüssel überlassen, damit sie während unserer Abwesenheit nach dem Rechten schauen konnte. Auch die Wäsche wurde von dieser „Perle" gewaschen. Aus gesundheitlichen und anderen Gründen musste Bärbel schließlich oft in Deutschland sein und uns somit leider den Schlüssel zurückgeben.

Kirche - wie sie am Anfang in Spanien war

Wir hörten, dass während der Franco-Zeit evangelisches Leben verboten war. Gottesdienste durften nicht stattfinden. Aber Petrus hat sich damals schon auf die Zusage Jesu verlassen und Unmögliches gewagt. Auf Teneriffa haben wir sofort Anschluss an die Gemeinde bekommen. Dass es ein Haus der Begegnung gibt, wo sich deutschsprachige Auswanderer oder Überwinterer zu den verschiedensten Veranstaltungen treffen können - ob katholisch, evangelisch oder auch Nichtchristen – ist für alle eine Bereicherung. Glaube wird dadurch lebendig, dass wir ihn im Alltag leben und besteht nicht aus äußerlicher Frömmigkeit, sondern dass wir ihn als Grundlage für all unser Tun sehen. Den Glauben leben heißt, dort anzupacken, wo Hilfe gebraucht wird - eben unter dem Motto „mich schickt der Himmel". Insbesondere die Nächstenliebe ist nicht nur ein theoretisches Konstrukt, sondern sollte auch praktiziert werden. Gespräche mit Andersdenkenden sollten gesucht werden.

Unser Haus der Begegnung ist für alle da, für Kirchentreue und für Kirchenferne. Martin Elias Götz war derzeit Pfarrer der deutschsprachigen Gemeinde auf Teneriffa. Damals gehörten zu seiner Gemeinde rund 450 evangelische Christen, aber gekümmert hat sich unser „Martin" um viel mehr Menschen. Denn auf den Ferieninseln *Teneriffa, La Gomera, La Palma und El Hierro* hatten sich damals schon etwa vierzigtausend Deutsche dauerhaft niedergelassen, dazu kamen noch etwa hunderttausend Urlauber und Überwinterer. Martin sagte einmal: „Es ist alles dabei - vom Superreichen, über normale Rentner, bis zum mittellosen Aussteiger, der sich nur den Hinflug leisten konnte" - und nun auf Teneriffa auf ein besseres Leben hoffte. Wegen des milden Klimas suchen von jeher viele Kranke

Heilung auf den Kanaren. Pfarrer Götz konnte seine Ausbildung als Krankenhausseelsorger sehr gut gebrauchen. Eine große ökumenische Weite und eine Liebe für Menschen mit schrägen Biografien waren da schon erforderlich.

Besonders viel hat er für seine eigene Gemeinde bewegt. So konnte er einen Großindustriellen als Sponsor für das erste, wunderschöne Haus der Begegnung in herrlicher Lage in *Chayofa* gewinnen. Der Tag der Einweihung bleibt mir unvergessen, damals hatte ich erstmals die Gelegenheit mich einzubringen. Außerdem feierten wir den Geburtstag von Martin Götz und von meinem Mann.

Wie eben überall Menschen aller Konfessionen und anderer Religionen leben und ihren Glauben praktizieren, so ist es auch auf den kanarischen Inseln. Wenn ich auch nicht mit jedem Gottesdienst feiern könnte, möchte ich doch mit allen friedlich und tolerant zusammen leben. Manchmal mag Religion verbinden, oft trennt sie aber auch. Dann ist es umso wichtiger, mir klar zu machen, dass alle Menschen vor Gott gleich sind. Mein Glaubensbekenntnis relativiere ich deswegen nicht. Davon lasse ich mich nicht abbringen, und das werde ich auch immer Andersgläubigen gegenüber vertreten. Aber weder will ich, dass man andere zwingt es zu glauben, noch dass man mich zwingt, etwas anderes zu glauben.

Nach dem großen Frühlingsfest auf der Finca Ahlers wurden wir zum Beispiel gebeten, eine junge Frau, eine Buddhistin, ein Stück weit mit unserem Auto mitzunehmen. Auf halber Strecke ließen wir sie an einem großen Buddhisten-Zentrum aussteigen ließen. Wir waren total überrascht, hatten wir doch noch nie etwas von dem großen Gelände gehört, obwohl dies höchstens 40 Kilometer von uns entfernt lag. Wir wurden sofort eingeladen alles anzuschauen, plötzlich waren wir von vielen freundlichen

Menschen umgeben. Aber nach einem langen Tag brauchten wir keine Ausrede zu suchen, nicht bleiben zu können, wir waren wirklich müde. Auf unserem Heimweg hatten wir ein Gesprächsthema anderer Art.

Angekommen – angenommen. Ich muss meine Sache gut gemacht haben, denn ab dem Moment war ich bekannt und kam immer wieder bei unseren verschiedenen Veranstaltungen zum Einsatz. Sehr schnell oblag mir der Flohmarkt, der in regelmäßigen Abständen abgehalten wurde - erst zusammen mit der allen bekannten Renate, die ihn ins Leben gerufen hatte, dann in eigener Regie. Die Flohmärkte fanden schon statt, als ich noch gar nichts von Teneriffa wusste. Renate hatte schon vor mir für Einnahmen gesorgt, die die Gemeinde dringend benötigte.

Mit diesem Haus kehrte Leben in die Gemeinde ein: ein Chor, Musik als Weltsprache - Verständigung über Grenzen hinweg - ein Gesprächskreis, eine Wandergruppe, ein Spanischkurs, eine Bibelstunde. Das Angebot erstreckte sich bis zu einem Literaturabend.

Leider befand sich dieses Gebäude, ähnlich einem Schloss, in einer noblen Wohngegend, und es gab sehr schnell Ärger mit den Nachbarn. Zu den großen Gemeindefesten kamen oft zwei voll besetzte Busse aus dem Norden. Dieses wunderschön angelegte und gepflegte Gelände rundherum war zum Feiern natürlich bestens geeignet.

Die tüchtigen Mitarbeiter

Nach einem Gottesdienst, der auf der Straße abgehalten wurde - ein großes Kreuz aus Blumen
schwebte über dem Altar - gab es ein gutes Mittagessen, meistens gekocht und gespendet von Hermine
und Wilhelm, ganz edle Leute und allen in der Gemeinde
bekannt. Dieses nette Ehepaar haben wir sehr früh auf der
Insel kennen und lieben gelernt. Hermine kocht nicht nur
gerne, sondern auch ausgesprochen gut. Die wunderschönen Geburtstagsfeiern in dem einladenden Haus in
Chayofa bleiben bestimmt allen Gästen in bester Erinnerung. Die Kaktusmarmelade, die Wilhelm selbst kocht und
davon jede Menge der Gemeinde als Spende zur Verfügung stellt, muss ich unbedingt erwähnen. Ich koche viele
Sorten Marmelade aus diesen meist tropischen Früchten
selbst, aber eine Marmelade aus diesen stacheligen Früchten zu machen ist Sträflingsarbeit - dazu solche Mengen
im Laufe der Jahre, man kann von Zentnern reden.

Sämtliche Kuchen wurden von den Hausfrauen aus der
Gemeinde gespendet und unsere Rosemarie, eine Kaffee-
haus-Besitzerin aus Ravensburg, die nach dem frühen Tod
ihres Mannes auf der Insel Eigentum erwarb, verwöhnte
uns alle mit den feinsten Torten. Bekannte, die aus
Deutschland zu Besuch kamen oder auch wir, die Winter-
vögel, mussten immer bestimmte Backzutaten mitbringen,
die Rosmarie für ihre Spezialitäten brauchte. In den letzten
Jahren hatte sich unsere Zuckerbäckerin jedoch sehr zu-
rückgezogen. Am 2. Januar 2013 ist sie in ihrem Wohnzimmer, mit dem kleinen Hund im Arm, für immer einge-
schlafen. Selbstverständlich fand die Trauerfeier im Haus
der Begegnung statt. Alle Teilnehmer wurden danach zum
Kaffeetrinken, an festlich gedeckten Tischen, eingeladen.
Auch ich hatte zum guten Gelingen beigetragen. Hermann

hatte seit vielen Jahren Rosemaries Bäume im Garten gepflegt. Die vielen ungespritzten Zitronen werden uns in Zukunft fehlen. Und an die guten „Weihnachtsbrötle" (Schwäbisch: Weihnachtsgebäck) werden wir uns noch lange erinnern, ebenso an die Christstollen.

Sehr oft mussten wir in den letzten Jahren Abschied nehmen von lieb gewonnen Gemeindemitgliedern. Für eine Trauerfeier ist unsere Begegnungsstätte in *Las Americas* immer geeignet.

Natürlich kamen zu diesen beliebten Festen die Gäste auch mit Autos an, die Lärm, Staub und Stau verursachten. Laut war es somit sehr. Nach zwei Prozessen, die die Gemeinde verloren hatte, musste dieses wunderschöne Haus verkauft werden. Es ging nicht sehr elegant über die Bühne und dauerte auch lange, bis sich ein kompetenter, endgültiger Käufer gefunden hatte. Nicht weniger schwierig war es, ein geeignetes, zentral gelegenes Gebäude in *Las Americas* zu finden. Und das zur Verfügung stehende Geld musste unbedingt ausreichen. In den Auslandsgemeinden zahlt die Evangelische Kirche in Deutschland nur das Gehalt des Pfarrers, alles andere muss durch Eigenleistung, also Flohmärkte, Mitgliederbeiträge, Spenden und sonstige gute Taten finanziert werden.

Überzeugungen: Ehrenamtliche Arbeit verlängert das Leben. Der Mediziner und Autor Eckart von Hirschhausen warnt davor, das Alter mit Verlust, Trübsal und Krankheit gleichzusetzen. Viele Senioren fühlen sich glücklicher und zufriedener als Jüngere. Ehrenamtliche Arbeit verlängere das Leben im Schnitt um sieben Jahre.

Gesundheitsempfehlungen, die wir alle kennen, sollten ebenfalls befolgt werden: gesunde Ernährung, keine Genussgifte, regelmäßige Bewegung und ausreichend Entspannung.

Pfefferbäume findet man auf der ganzen Insel.

Bananenanbau ist der Lebensunterhalt vieler Bauern.

K irche ist Vieles in einem. Sie ist nicht nur Gebäude oder Organisation oder Vereinbarung von Gleichgesinnten. Kirche ist auch Gedanke Gottes, sind Menschen, Lebens- und Glaubensgeschichten der Generationen, bedeutet Zusammengehörigkeit.

Das in bester Lage von *Las Americas* gelegene Haus wurde sehr gut angenommen, kann natürlich nicht mit dem Anwesen in *Chayofa* verglichen werden. Das große Parkhaus in unmittelbarer Nähe bietet Platz für jede Menge Autos, also gibt es keine Parkplatznot bei Veranstaltungen, und die Preise sind durchaus zu akzeptieren. Parkplatznot ist groß, wie auch in Deutschland, deshalb gibt es gebührenpflichtige Parkhäuser. Obwohl ich unbedingt erwähnen möchte, dass das „Parken" auf der Insel überall kostenlos ist. Wo gibt es das in Deutschland noch?

Wir haben im jetzigen Haus der Begegnung eine sehr gut eingerichtete Küche. Jetzt ist alles vorhanden, damit wir Feste feiern und auch Freud und Leid miteinander teilen können. Ehrenamtliche Helferinnen und Helfer gab es bisher genügend, davon kann es allerdings nicht genug geben. Meistens sind es die gleichen Gesichter, die einen freundlich anlachen.

Nach Pfarrer Götz kamen einige Interims-Pfarrer aus Deutschland. Pfarrer Dr. Liedtke mit Frau verbrachte noch einige Monate in *Chayofa*. An seine sehr guten Predigten kann ich mich noch gut erinnern. Hier war Gottes Stimme herauszuhören.

Erst das Pfarrer-Ehepaar Wilfried und Annette Heitland war bereit, für sechs Jahre die ökumenische Weite fortzusetzen, die wir zu Beginn unseres Inselaufenthaltes durch Pfarrer Götz kennengelernt hatten. Heitlands wurde nichts geschenkt. Verkauf, Kauf und vor allen Dingen die Suche nach einem guten, geeigneten Platz der Begegnung fiel in deren Amtszeit. Ich glaube, die Rückkehr nach Deutschland ist nach dieser großen Verantwortung und Leistung nicht schwer gefallen. Wenn ich bedenke, was die Pfarrersfrau alles geschafft hat! Es verging kaum ein Tag, an dem es nicht schon morgens in aller Frühe nach frisch gebackenem Kuchen duftete. Alles für das Haus der Begegnung, wohlgemerkt! Für sie war der Auslandsaufenthalt mit Sicherheit kein Honigschlecken. Dazu fehlten ihr die Kinder, die weit entfernt in Deutschland lebten.

Und jetzt sind es die Herrigs. Zwei total unterschiedliche Pfarrer-Ehepaare. Roland und Andrea kommen aus den neuen Bundesländern und mussten sich erst einmal mit all dem Neuen vertraut machen. Aber sehr schnell wurden die netten Leute von uns alten Hasen angenommen. Andrea kam mit sehr guten neuen Ideen an und opfert sich endlos für die Gemeinde auf. Ich glaube, das Ehepaar ist immer froh, wenn im Sommer die meisten Zugvögel abgereist sind und eine Verschnaufpause eintritt. Der Deutschlandurlaub wird bestimmt gerne angenommen, denn auch Herrigs Kinder leben und studieren in Deutschland.

Auf den Sonntags-Gottesdienst, den Pfarrer Roland Herrig immer sehr gut vorbereitet, freuen wir uns sehr. Seine Predigten sind recht unterschiedlich, kommen aber bei den meisten Kirchgängern gut an. Auch sehr viele katholische Christen besuchen diese Gottesdienste sonntags um 12 Uhr und feiern das Abendmahl mit uns. Das Leben auf der Insel ist - gegenüber Deutschland - total unkompliziert. Einfach eine andere Welt. Ruth, die Chorleiterin, hat den gemischten Chor bestens im Griff. Die Darbietungen, nicht nur im Sonntagsgottesdienst, sind wirklich anspruchsvoll und kaum zu übertreffen. Die Chormitglieder sind mit einer wahren Begeisterung dabei, diese Harmonie ist sicher ausschlaggebend für das gute Gelingen. Betonen muss ich diese wunderbaren Stimmen, die heraus zu hören sind. Mir persönlich würde es nie einfallen, diesem Chor beizutreten. Untereinander hat sich manch eine Freundschaft ergeben. Wie schon oft betont, an Feiern und Festen hat es noch nie gemangelt. Ein Chorfest gibt es auch immer.

Leider ist unsere allseits beliebte Spanischlehrerin Carla, eine Süddeutsche, die schon lange Jahre auf der Insel lebte, verstorben. Der Krebs hat sie besiegt.

Zum großen Glück haben wir seit Jahren unsere Christel, die vielen von uns auf interessante Weise die spanische Sprache beibringt – auch Unbegabte lernen bei Christel, was man so für den täglichen Gebrauch können und wissen muss.

Für mich und meinen Mann ist es sicher, dass es für den letzten Lebensabschnitt keinen besseren Platz geben kann als die *Costa del Silencio*, eben Teneriffa. Es ist einfach wunderschön, direkt am Meer, dem Atlantik, mitten in der Natur und total ruhig wohnen zu können. Wir können die Natur erleben und uns an ihr freuen.

Sonnenstrahlen, Meer, frische Luft und viel Freizeit – das ist echtes Urlaubsgefühl. Darauf freuen sich ältere Leute schon kurz vor ihrem Ruhestand. Viele treten dafür eine weite Reise an. Aber schon nach viereinhalb Stunden Flugzeit erreicht man die Kanarischen Inseln. Wer Teneriffa einmal besucht und lieb gewonnen hat, kann die Insel des ewigen Frühlings nicht vergessen und kommt gerne wieder.

An die Schönheit vor der Haustür, wie *bei uns* am Bodensee, haben wir uns längst gewöhnt. Wir haben nicht mehr den Blick wie die zahlreichen Touristen, denen hier die kleinsten Details noch ins Auge stechen. Dabei ist es egal, ob es sich um etwas Großes handelt oder nur um kleine Dinge.

Wir gehen mit offenen Augen durch die Welt. Bei manchen größeren Wanderungen muss man schon mit beiden Beinen ganz fest auf dem Boden stehen, es ist nicht immer ungefährlich. Da braucht man schon ein gutes Miteinander. Wir sind nicht nur Freunde, sondern eine große Familie. Zugegeben, das Leben ist nicht immer einfach, besonders, wenn man lange lebt. Wir jedenfalls sind stolz auf unsere achtzig Jahre, und wir genießen jede Stunde, ja, jede Minute.

Ich glaube, dass jeder für das, was er auf Erden tut, einmal Rechenschaft ablegen muss. Das hilft, anständig zu leben.

Sonne und Frühlingslaune tun so richtig gut. Bekanntlich steigt bei schönem Wetter die gute Laune. Der Mensch ist bei Licht auf Aktivität und Hochgefühl gepolt. Ich bin gerne da, wo es blüht, wo die Sonne scheint und wo es schöner ist als in einer grauen Stadt. Natürlich suchen junge Leute die Stadt, sicher gibt es da mehr Abwechslung.

Optisch reizvoll ist es allerdings nicht immer, wenn halbnackte, dickbäuchige Männer und Frauen an den Uferstraßen ohne Hemmungen auf sich aufmerksam machen. Zum Glück sind es selten die Deutschen.

Prinzipiell ist es ein gutes Zeichen, wenn der Körper mit Übermut reagiert. Dann funktioniert auch sonst alles ganz gut.

Über die einfachen Dinge

Chasna C ist ein altes, einem Altersheim ähnelndes Gebäude. Unser erster Eindruck von dem Haus war auch nicht der beste. Wir kennen inzwischen viele *neue* Anlagen, die schmutzig und ungepflegt wirken und es auch sind. Die aber monatlich mehr als doppelt so viel an Umlagen kosten.

Kaum eine Comunidad kann sich drei Angestellte leisten wie die unsere. Zwei Hausmeister, die gleichzeitig die Gartenanlagen pflegen und täglich unseren wunderschönen Pool und alles drum herum reinigen. Dazu ist unsere überaus fleißige Putzfrau nicht mehr wegzudenken. Täglich werden alle Gänge, die Fahrstühle, die Toilettenanlagen, eben alles was zur Anlage gehört, mit großer Sorgfalt geputzt. Wir Bewohner sind voll des Lobes und zeigen uns auch erkenntlich.

Bei der Wahl seiner Freunde kann man großzügig sein. Ich fühle mich in diesem „Altersheim" mehr als wohl. Das liegt aber auch daran, dass wir nicht nur im Haus einige sehr nette Freunde gefunden haben, sondern überall verteilt – hauptsächlich im Süden der Insel, mit denen wir viel angenehme Zeit verbringen. Besonders erwähnen möchte ich die Geburtstags- und sonstigen Einladungen zum überaus gemütlichen Beisammensein inselweit. Auch unsere Geburtstage fallen in die Winterzeit auf Teneriffa, da müssen wir uns dann schon immer etwas einfallen lassen, damit wir nicht die geizigen Schwaben sind. Selbstverständlich gibt es in solch einer großen Anlage auch Mitbewohner, die man nur flüchtig kennt.

Es gibt Leute, denen hat das Leben außer dem Reichtum und der Angst, diesen wieder zu verlieren, nichts geschenkt. Der evangelische Theologe Jörg Zink sagte einmal: „Es gibt keinen Frieden für den, der nur nach Besitz trachtet, nach Macht oder nach Ehre".

Für die Gemeinde Teneriffa Süd ist es so wichtig, in Notfällen auf einen Seelsorger zurückgreifen zu können, der das Predigen noch nicht verlernt hat. So wie der nette Pfarrer Hansjörg. Was es auch sei, unser Pfarrer und seine Frau Ille sind dabei. 2011, an Hermanns 79. Geburtstag, lebte das Ehepaar wieder mal eine Zeit lang in Chayofa. Im Haus der Begegnung hatte Hansjörg als zuständiger Pfarrer das Sagen. Wir durften mit über dreißig Personen in den schönen Räumen feiern. Ohne diesen witzigen Hausherrn und die vielen Darbietungen von einzelnen Freunden wäre das Fest lange nicht so schön verlaufen. Ja, Teneriffa ist unser „Lebensmittelpunkt" geworden.

Uschi und Wolfram lernten wir auf einer Geburtstagsfeier kennen. Elfriede, eine gemeinsame Bekannte, hatte ihren runden Geburtstag groß gefeiert. Es stellte sich heraus, dass oben erwähntes Ehepaar zur gleichen Zeit einen Flug nach Teneriffa gebucht hatte. Somit gab es genügend Gesprächsthemen. Mehrere Jahre verbrachten die Teneriffa-Fans in verschiedenen Gegenden der Insel ihren Jahresurlaub – wie wir fühlten sie sich zur Insel hingezogen. Eines Tages war für die Neuentdecker der Zeitpunkt gekommen, selbst Eigentum zu erwerben.

Es gab jede Menge Zufälle – wenn man es so deuten darf. Die anfangs erwähnte Hannelore aus Ravensburg bot uns eine Wohnung an, die *mir* gleich zusagte. Nur Hermann zögerte etwas, war doch unser Appartement im zweiten Stock des Hauses kaum fertig eingerichtet - ganz nach unserem Wohlbehagen. Da sollte es bei uns schon wieder unruhig werden? Frau Lehmann, eine gebürtige Hamburgerin, fühlte sich in *Chasna* nicht wohl. Sie wohnte noch kein Jahr in dem Haus, Kontakt konnte sie kaum finden. Nach dem Tod ihres Mannes war sie schon mehrmals umgezogen, Kinder hatte sie keine, diese Frau konnten wir nur sehr schlecht einschätzen. Sie war Kettenraucherin, ob sie sich auch mal was zum Essen gekocht hat, wissen wir nicht. Diese Dame lebte total ungesund, und ich kann es vorweg sagen: Nur wenige Monate nach ihrem Wohnungsverkauf an uns ist sie sehr leidend geworden und nach etwa einem halben Jahr verstorben.

Die total verrauchte Wohnung hatte die gleiche Größe wie eben alle Appartements im ganzen Hause. Die erst ein Jahr alte, vom Schreiner eingebaute Holzküche, gefiel mir persönlich bestens. Die Fensterscheiben waren leicht getönt, was bei den vielen Sonnenstrahlen von Vorteil ist. Die ganze Wohnung mit den gleichen Fliesen ausgestattet, das sagte mir zu. Der Überzeugungsgrund meines Mannes für diesen Wohnungswechsel war der wunderschöne Feuerbaum direkt vor unserem Fenster. Eine Pracht, wenn dieser große Baum in voller Blüte stand. Dazu die Vielfalt der Vögel direkt vor unserem Fenster, die Papageien, die uns aus der Hand fraßen. Dazu sahen wir in diesem Baum einen Fluchtweg, sollte es einmal brennen. Natürlich war es ebenfalls eine gute Einstiegsmöglichkeit für Banditen, von denen es auf der Insel schon immer reichlich gab.

Wie wunderbar alles begann. Uschi und Wolfram kauften unsere Wohnung im zweiten Stock, wir kauften Frau Lehmanns Wohnung im dritten Stock in einem Abwasch. Es war der Wonnemonat Mai, ich flog voraus, um alle erforderlichen Termine für beide Wohnungen gleichzeitig festzulegen. Kauf und Verkauf konnten starten. Als ich erstmals ein Mittagessen auf dem neuen Herd zubereiten wollte – es sollte Kartoffeln und frische Bohnen geben - da wurde keine Kochplatte richtig heiß. Ich musste das Essen auf dem altbewährten Herd kochen, einen Stock tiefer. Als ich in die Waschmaschine fasste, bekam ich gleich einen Schlag. Schreck lass nach! Einen deutschen

Elektriker konnte ich durch eine Empfehlung bekommen, der die Hände über dem Kopf zusammenschlug. Alle elektrischen Leitungen mussten erneuert werden. Welch ein Pfuscher da einst am Werk war, konnten wir nicht erfahren. Mehr als zwei Tage dauerte es, bis wir gefahrlos unsere elektrischen Geräte benutzen konnten. Die gesalzene Rechnung meinte ich natürlich, beim Notar vom Kaufpreis abziehen zu können. Man muss erst seine Erfahrungen machen, um klug zu werden. Da die Wohnung uns bis dato noch gar nicht gehörte, hätten wir die Elektroarbeiten nicht von uns aus, ohne Absprache, durchführen lassen dürfen. Da die Wohnung also noch nicht unser rechtmäßiges Eigentum war, erkannte die damalige Eigentümerin die Rechnung nicht an. Von wegen vom Kaufpreis abziehen. Nicht einmal einen Teil zu übernehmen war sie gewillt. Den ersten Streit hatten wir somit beim Notar.

Es kam noch dicker: Nachdem wir alles geschluckt hatten und wir im Besitz der Escritura waren - an ein gemeinsames Mittagessen war jetzt nicht mehr zu denken - bekamen wir einen Anruf, dass das Geld, also die Verkaufssteuer von unserer Vorbesitzerin fehlte. Ich wusste ganz genau, dass das Geld für die verschiedenen Zahlungen auf dem Schreibtisch des Notars gelegen hatte. Ob die alte Dame gemeint hatte, es würde unbemerkt bleiben, wenn sie ihr Geld einfach wieder mitnahm? Es war nicht nur ein aufregender Tag, eine schlaflose Nacht blieb ebenfalls nicht aus.

Mit unseren Friedrichshafener Freunden zusammen war dann die Welt bald wieder in Ordnung. Wir konnten unser neues Zuhause und die Freundschaft begießen.

Den Rauchgestank aus der Wunschwohnung herauszubekommen, überforderte mich total. Die Küchenmöbel musste ich richtig abschrubben, die gute Fee Bärbel stand mir tatkräftig zur Seite. Das Bad zu putzen hätte ich nicht geschafft. Betonen muss ich, als uns die Wohnung fünf Monate zuvor zum Kauf angeboten worden war, war dieser totale Notstand noch nicht ausgebrochen. Während Frau Lehmann sich nach einer neuen Bleibe umschaute und wir immer auf einen Anruf aus Teneriffa warteten, hatte sie sich total gehen lassen. Die Fenster waren ausgehängt, vermutlich wollte sie nicht im eigenen Qualm ersticken. Hannelore hatte es zu dem Zeitpunkt nicht leicht. Ihre gute Bekannte hatte ihr jegliche Vollmacht zukommen lassen. Die zwei Frauen fanden dann eine gemeinsame Wohnung, die Betreuung der kranken Frau war jedoch kein Honigschlecken. Unsere jahrelange Freundschaft mit der Ravensburgerin hat zwangsläufig unter dieser ganzen Situation gelitten. Das Geld von ihrem Wohnungsverkauf hatte die arme Kranke weitgehend an einen jungen Mann verloren, den sie im Krankenhaus kennen gelernt hatte. Außer Aufopferung blieb für Hannelore kaum etwas übrig.

Der vielseitig begabte Wolfram musste seine Fähigkeiten sehr oft in unserer Wohnung einsetzen. Ein Telefon-Anschluss fehlte noch in unserer Ecke im dritten Stock. Dafür mussten sehr viele Bodenplatten in unserem Flur ausgehoben und erneuert werden, vor der Wohnungstür mussten die Zuleitungen gelegt werden. Ja, die zahlreichen kleinen Tücken zeigten sich erst viel später. Zum Glück gab es zu diesem Zeitpunkt keine Kakerlaken mehr in unseren Wohnungen. Diese Mistviecher hatten mir beim ersten Wohnungskauf beinahe den Verstand geraubt.

Helfen statt trösten

Dann war das Angekommen und Angenommen sein in der Gemeinde sehr wichtig für mich, für uns. Der Mitgestaltungswille gibt einem viel. Fürsorge und Verständnis für Menschen, die Hilfe brauchen, ist ja überall nötig. Sich über etwas beschweren kann jeder, selbst gestalten ist etwas anderes. Darüber werde ich noch sehr ausführlich berichten.

Dankbar rückwärts, mutig vorwärts, gläubig aufwärts.

Wichtig ist, von Anfang an aktiv zu sein, von Beginn an die Rückkehr nach Deutschland zu bedenken. Man sollte denen daheim immer von positiven Erlebnissen oder Erfolgen in der Ferne erzählen, zum Beispiel in einer Mail. Gut ist auch, Freunde daheim einfach mal einzuladen.

Das Wort „Anfechtung" könnte auch in meinem Lebensbuch stehen.

Immer noch offen. Das eigentlich milde Klima am Bodensee, die wunderschöne Kultur- und Naturlandschaft schafft Voraussetzungen für das Wohlfühlen bei einer Rückkehr nach Friedrichshafen im Alter. Wenn der Sommer in Deutschland Station macht, sind wir wieder in Friedrichshafen. Mit den ersten warmen Sonnenstrahlen stellen wir auch die Gartenstühle wieder heraus. Nur Stühle, damit geben wir uns nicht mehr zufrieden. Der Garten wird zum zweiten Wohnzimmer.

Wohnen, wo andere Urlaub machen. Vor allem in der Sommerzeit hat dieser alte Spruch Berechtigung. Tatsache ist: Je schöner und attraktiver eine Region ist, desto teurer wird dort das Leben.

Friedrichshafen hat viel zu bieten - als Zeppelin- und Messestadt, als Kultur-, Bildungs-, Sport- oder Familienstadt. Zweifelsohne ist Friedrichshafen eine internationale Stadt. Ihre Vielfalt gefällt mir.

Die Hände in die Strömung halten

Direkt neben unserer Anlage lädt das Meer zum Schwimmen und Tauchen ein. Oft scheint es, als hörte ich, wenn ich am Strand stehe, den Meeresgott Poseidon mit seinen tausend Stimmen. In dieser Landschaft kann ich meinen Gedanken ungemein viel freien Lauf lassen. Und immer wenn ich durch den Wind stapfe, kommen mir viele Ideen und Gedanken - gute und weniger gute. Ich bin in einer völlig anderen Gegend aufgewachsen. Mit zunehmendem Alter denke ich immer mehr an meine Wurzeln, an Ostpreußen, das Märchenland meiner Kindheit - hinter den sieben Bergen.

Natur gilt ja gemeinhin als schön, harmonisch und zauberhaft. Doch das ist nur die halbe Wahrheit. Die Natur hat ihre eigenen Gesetze. Und sie kann auch richtig fies sein. Wer schon einmal erlebt hat, wie furchtbar ein Orkan wüten kann, der weiß wahrhaftig, was Hilflosigkeit und Angst bedeuten.

Wandern im blühenden Paradies

Nur dreißig bis vierzig Minuten rotieren die Tornados meist, und sie können eine sehr lange Spur der Verwüstung hinter sich herziehen.

Tobendes Meer und wilde Wellen – auch das gibt es in Teneriffa

Eine Seefahrt ist nicht immer lustig

Wieder einmal wollte ich meinem Geburtstag am 3. März entfliehen. Die kleine Insel *El Hierro* hatte uns schon lange interessiert. Zusammen mit zwei Freundinnen buchten wir im Reisebüro Kudlich fünf Tage Urlaub auf der bezaubernden Insel. Wer hätte gedacht, dass das Meer schon am 1. März zu toben anfängt. Am 2. März wollten wir starten, und als ich am Morgen am Hafen von *Los Cristianos* anrief, um mich zu erkundigen, ob die Fähre bei dem Sturm überhaupt ausläuft, bekam ich zur Antwort: „Solange die Wellen nicht höher als ‚fünf Meter‘ sind, wird die Fähre ablegen. Erst ab einer Wellenhöhe von etwa acht Metern bleibt diese im Hafen." Schade, wir Vier hatten keine lustige Seefahrt mehr vor Augen. Lisa wollte niemals aufgeben, hatte sie doch schon den Rucksack mit Verpflegung für uns alle gepackt.

Erst nachdem ich die vier Bordkarten in der Hand hatte, konnte ich wahrnehmen, wie hoch die Wellen waren. Um 13 Uhr sollten wir abfahren. Unser Renault wurde mächtig verankert. Die Fähre wurde recht gut beladen, auch mit Last- und Tanklastwagen. Wir drei Frauen hatten unsere Tabletten gegen Seekrankheit längst geschluckt, nur Hermann fürchtete Nebenwirkungen und nahm keine Tablette ein. Aber schon beim Zwischenstopp auf *La Gomera* ging es meinem Mann richtig miserabel. Die Tablette, die er zu spät eingenommen hatte, fing natürlich auch viel zu spät an zu wirken. Der junge Mann an der Bar erkundigte sich nach unserem Befinden und meinte: „Jetzt kommen wir auf den offenen Atlantik, es wird sehr stürmisch werden". Wie eine Streichholzschachtel warf es die große Fähre auf dem Meer hin und her. Mein armer Ehemann! Da ich kaum Angst kenne, fand ich es anfangs noch recht lustig. Aber um ehrlich zu sein, auch ich war froh und dankbar, als wir endlich die kleinste der Kanarischen Inseln erreicht hatten. Erstaunlich schnell ging es uns besser, als wir Inselluft schnuppern konnten. Den richtigen Weg zu unserem Quartier hatten wir verfehlt, wir machten einen Umweg über das Gebirge. Dicker Nebel nahm uns die Sicht auf die wunderschöne Landschaft. Endlich fanden wir das beschriebene Gasthaus, das seit achtzehn Jahren von einem sehr freundlichen Deutschen betrieben wurde.

Die nächste Überraschung blieb nicht aus. Direkt neben diesem Restaurant befand sich das Haus, welches unsere Unterkunft hätte werden sollen. Durch die drei großen Unwetter der letzten Zeit war das Gebäude jedoch unbewohnbar geworden. Selbst der Putz fiel von den Wänden. Die Aufregung war groß, aber schließlich löste sich alles in Wohlgefallen auf. Der nette Gastwirt hatte eine ordentliche Ersatzwohnung für uns vier, längst in Aufregung Geratenen, gefunden. In dem etwa zwanzig Kilometer entfernten *Fontera* wurden wir von Herminio schon erwartet.

Inzwischen war es dunkel geworden, und es dauerte ewig, bis wir zu den Ferienhäusern gelangten. Leider waren auch diese, sonst recht schnuckeligen Ferienwohnungen, feucht und mieften. Das war wohl das Schicksal der Vermieter im Jahre 2010 auf der Insel *El Hierro*. Wegen der Dunkelheit fiel ich gleich mal eine Treppe hinunter. Diese hatte, wie so oft auf den Kanarischen Inseln, kein Geländer. Glücklich hatten wir schließlich unser Gepäck heraufgetragen, schnell war der Tisch gedeckt, der Heizofen wärmte uns, und auf der ganzen Welt gab es in diesem Moment wohl keine glücklicheren Menschen. Die Holzböden krachten, der Kühlschrank gab laute Geräusche von sich, von allem hörten wir bald nichts mehr. Wir waren total übermüdet und überwältigt von den Geschehnissen des Tages. Das Geburtstagsfrühstück am nächsten Tag genossen wir dann so richtig bei Kerzenlicht an einem reichlich gedeckten Tisch. An diesem wunderschönen Sonnentag machten wir uns gleich auf Entdeckungsreise. Was für eine Augenweide die vielen Früchte und Pflanzen waren! Eine wunderschöne, aber ganz andere Insel als unser Teneriffa. Auch war alles wesentlich teurer.

Natürlich suchten wir drei Frauen nach Inselandenken. Mein Geburtstagsgeschenk von Lisa und Lotte für Hermann und mich war das Mittagessen. Wir fanden das wohl richtige Restaurant. Die Wände waren mit sechs Auszeichnungen des Gastronomen geschmückt. Die Hauptmahlzeit bestand aus wunderbar zubereitetem frischem Fisch. Auch der Inselwein schmeckte vorzüglich. Als Dankeschön bekamen wir Insellikör vom Feinsten.

Dennoch war es absolut kein Tag, auf den man sich so freute. Schon am Abend überfiel meinen Hermann große Übelkeit, er hatte die ganze Nacht erbrochen, bis zum nächsten Morgen. Anfangs befürchtete ich eine Fischvergiftung, wer konnte zu dem Zeitpunkt schon ahnen, dass wir uns alle mit dem Noro-Virus infiziert hatten und der Reihe nach schwer erkranken würden. Die Tage waren höllisch und nicht ein bisschen schön. Insbesondere die Heimfahrt bleibt für mich unvergesslich. Noch nie im Leben musste ich mich über vier Stunden lang auf der Toilette an der Kloschüssel festhalten. Und dies bei der Rückreise auf der Fähre, bei besten Wetterbedingungen. Alles, was uns blieb, war die Vorstellung davon, einen wunderschönen Geburtstag auf der sehenswerten Insel *El Hierro* verbracht zu haben.

Die Kräfte des Himmels

Meine Freundin Elisabeth aus Jugendtagen in Schleswig Holstein hat eine Cousine auf der Nachbarinsel *La Palma*. Elisabeth hatte mich nach vielen Jahren wieder gefunden und zu einem Klassentreffen nach Preetz eingeladen. Was fand ich nach 60 Jahren vor? Lauter alte Leute! Mich hat natürlich auch kein Mensch wieder erkannt! Elisabeth war schon früher eine ganz liebe Freundin, und so besuchte sie uns voller Freude auf Teneriffa. Mit ihr zusammen flog ich auf die Nachbarinsel vom Nordflughafen aus. Ihre Cousine mit Mann hatte uns eingeladen. Wieder mal war es mein Geburtstag! Diesen wollte ich dort verbringen. Antje, die Gastgeberin, hat zwei Tage nach mir Geburtstag. Wir freuten uns auf eine schöne gemeinsame Feier.

Etwas erstaunt war ich, als man uns gleich am Flughafen fragte, ob wir nicht das überall angesagte Unwetter fürchteten? Bald sah man dem Himmel an, dass ein fürchterliches Unwetter auf die Insel *La Palma* zukommen könnte. Am nächsten Tag war mein Geburtstag. Ich wollte alle richtig schön zum Mittagessen einladen. Vorher besuchten wir einen Markt, ich bekam einen hübschen Blumenstrauß, mit Obst und Gemüse deckten wir uns auch ein. Wir mussten rechtzeitig ans Meer herunter fahren, ein schreckliches Unwetter zog auf, als stünde der Weltuntergang kurz bevor. Wir hatten kaum Zeit, unser Geburtstagsessen zu genießen, wir mussten abbrechen und schnellstens nach Hause fahren.

Und dann brach ein großes Unwetter über die wunderschöne kleine Insel herein. Beschreiben kann ich es nicht, ich hatte so etwas noch nie erlebt. Das nette Ehepaar musste drei Tage um das neu erstellte, wunderschöne Haus mit herrlich angelegtem Garten bangen. Und wir eigentlich auch um unser Leben, es hörte nicht auf zu stürmen und zu toben. Kein Schiff konnte mehr anlegen, der Flugverkehr war mehrere Tage lahmgelegt.

An Grillen auf der Terrasse war nicht mehr zu denken. Eher rechneten wir damit, dass das große Fenster eingedrückt würde und die Sintflut das Haus überfluten könnte. Feierlich war es keineswegs mehr. Der Hausherr war ständig mit dem Kamin beschäftigt, das Feuer durfte keinesfalls ausgehen, es war richtig kalt geworden. Ich glaube, er hatte beinahe den ganzen Wintervorrat an Holz verbraucht.

Selbst zwei Tage später, an Antjes Geburtstag, mussten wir noch im Haus bleiben. Da erfuhr man schon übers Internet, welcher Schaden auf der gesamten Insel entstanden war. Kurz vor unserer Abreise konnten uns die netten Gastgeber doch noch einiges von der Insel zeigen. Wir sahen hauptsächlich Verwüstungen auf allen Gebieten. Die Wellen waren immer noch meterhoch. Unbeschreiblich! Am fünften Tag flog dann die erste Maschine nach Teneriffa, mit der wir dann glücklich auf dem Nordflughafen landeten.

Das Unwetter hatte vor keiner kanarischen Insel Halt gemacht, aber ausgetobt hatte es sich ausgerechnet auf unserer Urlaubsinsel. Zum großen Glück hatten wir die Reise nicht mit der Fähre gebucht. Wie wir hörten, konnte diese durch den hohen Wellengang nirgends anlegen und wurde wohl mehr als zwölf Stunden auf dem brausenden Meer herumgeschaukelt. Wie es den Passagieren dabei erging, mag man sich gar nicht vorstellen. Auch die Fähre kam stark beschädigt wieder dort an, wo sie einen Tag vorher, über *La Gomera* nach *La Palma* gestartet war.

Jedenfalls - daheim angekommen, Hermann hatte uns am Flughafen abgeholt, fragte ich mich, ob ich bestraft werden musste, weil ich unbedingt schon wieder meiner

Geburtstagsfeier hatte entfliehen wollen? Diese Frage ist immer noch offen. Es hatte zwar sehr gestürmt, die Fensterscheiben hatten gewackelt, und es hatte unentwegt geregnet, ausgesprochene Verwüstungen hatte es auf ganz Teneriffa jedoch nicht gegeben.

Nicht ungefährlich, wenn der Sturm das Meer aufpeitscht.

Ein Schatz der Insel ist der rosa blühende Teide-Natterkopf, hauptsächlich an den Wegen zum Teide oder im Nationalpark zu finden. Leider stirbt die Pflanze nach der Blüte ab. Aus deren Nektar wird ein vorzüglicher Honig gewonnen. Wirklich sehenswert ist die gigantische Steilküste der *Acantilados de Los Gigantes* mit der 600 Meter senkrecht in die Höhe ragenden Felswand. In dieser Gegend kann man einen ganzen Tag zubringen, guten Fisch essen oder sich an dem kleinen Badestrand mit direktem Blick auf die Felswand in der Sonne aalen.

Wie gelingt das Leben dort im Allgemeinen?

Fünf Sinne sind uns Menschen gegeben, die Fülle der Schöpfung wahrzunehmen. Was hören wir? Was sehen wir? Was geht uns zu Herzen? Welche Stimme singen wir selbst im Lied des Tages? Wer singt, kann nicht gleichzeitig schimpfen. Eine ganz einfache Weisheit mit hoher Erfolgsquote.

Leider habe ich hier auf der Insel das gleiche Problem wie zu Hause. Das Konzept des Ausruhens habe ich noch nicht richtig verinnerlicht. Ich bin ein viel zu dynamischer Mensch - viel zu sehr. Es gibt keine hoffnungslosen Fälle, Veränderung ist immer möglich - hoffe und glaube ich. Lebenskünstler haben immer Zeit zum glücklich sein. Aber auch ich werde dazu gezwungen, die Tücken des Alters mit Würde zu tragen. Mir gefällt der Kalenderspruch „Leben ist nicht genug, sagte der Schmetterling. Sonnenschein, Freiheit und eine kleine Blume gehören auch dazu". Ich besuche gerne kulturelle Einrichtungen. Ich meine nicht nur, was die bildende Kunst angeht, sondern die gemeinsamen Werte, Orientierungen, Überzeugungen, die über Generationen entwickelt wurden. Sie werden über die Künste vermittelt, aber auch über die Religion.

Nichts bleibt, wie es früher einmal war. In den letzten Jahren sind immer mehr Kulturzentren entstanden, es gibt wohl für jeden etwas. Sehr beliebt ist das Neujahrskonzert, das ich nicht mehr missen möchte. Man muss nicht bis nach *Santa Cruz* fahren, auch bei uns im Süden wird für viel Abwechslung gesorgt. Selbst in unserem Haus der Begegnung finden sehr viele Veranstaltungen statt - und diese zu erschwinglichen Eintrittspreisen. Oft wird auch nur eine Kollekte erbeten! Vor allen Dingen zählt: Man trifft sich und freut sich miteinander des Lebens.

Nun zurück zu den Anfängen in unserer Wohnung und den teilweise recht unangenehmen Dingen.

Doch immer wieder ging die Sonne auf. Wir lernten Sabine und Claus aus der Stuttgarter Gegend kennen. Beide zusammen bieten jetzt im Süden der Insel „Service Rundum" an, also Vermietung und Service aus erster Hand. Auf dieses Ehepaar können wir uns verlassen und ich meine, die haben sich durch Fleiß eine gute Existenz aufbauen können.

Ich denke, es spielt keine Rolle woher man kommt. Ob Deutsche oder Spanier, alle leben gerne unter einem Dach. Allerdings ob Hamburger, Bayer, Sachse, Berliner, Franke, Rheinländer oder Schwabe – als Deutscher wird man immer in eine Schublade gesteckt, in der sich bestimmt auch immer ein Körnchen Wahrheit befindet. Und die Schwaben? Über die Schwaben sagt man, sie seien „geizig". Ich meine aber, sie sind „sparsam"!

Zurück zu den ersten Jahren auf Teneriffa. Ich erinnere mich sehr gut, dass ich mich anfangs etwas schwer tat mit der Umrechnung der Peseten. Auf der Finca Ahlers (Großgrundbesitzer, die schon im letzten Jahrhundert aus gesundheitlichen Gründen nach Teneriffa übersiedelten) fand das große Treffen der Deutschsprachigen unter freiem Himmel statt. Es wurde tüchtig gefeiert, gegessen und getrunken. An der Kuchentheke mit den leckeren selbstgebackenen Kuchen lachte einem das Herz, für jeden war etwas dabei, auch der Kaffee schmeckte gut. Heinz mit Ehefrau Lotti aus Dissen fühlte sich mehrere Jahre für das Kaffeekochen verantwortlich. Heinz war einst Seemanns-Seelsorger gewesen und hatte viele Jahre in England gelebt. Leider ist das von uns sehr geschätzte Ehepaar aus Altersgründen nach Deutschland zurückgekehrt.

Der Flohmarkt wurde zu meiner Freizeitbeschäftigung

Und jetzt kommt mein erster Flohmarkt zur Sprache. Obwohl es sich herumgesprochen hatte, dass jetzt *eine* in der Gemeinde ist, die offensichtlich jedem etwas verkauft - selbst wenn man gar nichts benötigt - hatte ich so meine Probleme mit einem bestimmten älteren Herrn. Dieser Mann glaubte, ich sei für den ehrenamtlichen Job völlig untauglich. Ich gebe ja zu, durch mein schlechtes Sehvermögen hatte ich so meine Mühe mit dieser für mich neuen Währung, den Peseten. Aber jemand, der *alles* besser wusste, nahm mir tatsächlich die Freude an dieser eigentlich schönen und nützlichen Arbeit. Kein Konflikt ist wie der andere. Jede Streitsituation ist neu und muss anders bewertet werden. Man muss lernen, Konflikte auszuhalten. Lässt du dein Gegenüber auch gelten? Damals ging es wohl nur darum, über jemanden zu siegen. Oft sind viele Menschen nicht am Frieden, sondern nur am Rechthaben interessiert. *Leider* sind die Menschen heute oft gar nicht mehr bereit, über bestimmte Dinge zu diskutieren.

Als mir Doña Ahlers aber am Feierabend einen wunderschöner Blumenstrauß überreichte - bestimmt nicht dafür, dass ich meine Arbeit so schlecht gemacht hatte - fuhr ich froh und glücklich nach Hause. Diese freundliche und umsichtige Dame wurde von uns allen sehr geschätzt und verehrt. Bis ins hohe Alter hatten sie und schon ihre evangelischen Vorfahren die Kirche unterstützt.

Ich selbst kann leider nicht viel darüber schreiben, ich lernte diese Herrschaften erst kennen, als ihr Sohn Dieter den Großbetrieb weiterführte. Bevor es ein Haus der Begegnung gab, fanden auf deren Finca sämtliche Gemeindefeste statt: bei gutem Wetter draußen, bei Regen - den es auch mal geben konnte - wurde die große Halle ausgeräumt und mit Palmen wunderschön geschmückt. Wie dann später in eigenen Räumen, spielte sich früher alles auf der großen Finca ab, die der Gemeinde immer mit allen Räumlichkeiten großzügig zur Verfügung gestellt wurde.

Ich hatte mich entschieden, fortan bei Gemeindefesten den bereits erwähnten Flohmarkt mitzugestalten. Dieser Job blieb mir etwa fünfzehn Jahre, auch noch nachdem die liebe Renate aufgehört hatte, mit der ich auch noch zusätzlich einmal monatlich in *Costa del Silencio* mit gutem Erfolg alles verkaufte, was uns nette Leute für den Flohmarkt geschenkt hatten. Auch ohne die leidenschaftliche Flohmarktverkäuferin Renate versuchte ich weiterhin, für das Haus der Begegnung gewinnbringend zu arbeiten. Wo es auch war, ich hatte immer sehr gute und freundliche Mitarbeiterinnen, wenn ich zum Beispiel an Marie-Luise denke, eine stets hilfsbereite Mitbewohnerin des Hauses *Chasna* und die vielen anderen, die bei den großen Festen einfach eingesprungen sind, wenn Not an Mann war. An die liebe Elke, die immer beim Aufbau des Standes die Kleidungsstücke aufgebügelt hatte - auch meinen Mann darf ich nicht versäumen zu erwähnen, der sehr viele Stunden beim Auf- und Abbau in all den Jahren mitgeholfen hat. Selbst meine Freundinnen aus Friedrichshafen, die ich oft auf die Insel eingeladen hatte, konnten kein Gemeindefest mitfeiern. Sie mussten mir rund um die Uhr helfen.

Anfangs hatten wir noch kein eigenes Auto, das war wohl unser größtes Problem. Einmal passierte es, dass ich gerade Pfarrer Götz einen ordentlichen Geldbetrag übergeben hatte, als nachts jemand in sein Schlafzimmer kam und ihm dieses so sauer verdiente Geld abnahm. Überrascht wurde ich, als noch oben in *Chayofa* das stets mit Freude erwartete Fest stattfand, als die Polizei mich suchte. Ich würde die Garagentüren immer so laut zumachen, wenn ich in den stets vollgestopften zwei Garagen meine Vorbereitungen für die Märkte beendet hatte. Einige Nachbarn suchten ständig nach Gründen und fanden immer welche, um den jeweiligen Pfarrersleuten und den Kirchengemeinderäten das Leben schwer zu machen. Damals war die Wohnung des Pfarrers auch im Haus der Begegnung.

Zugegeben, das wunderbare Grundstück lag in Chayofa schon sehr abgelegen und war schwer erreichbar, besonders für ältere Leute. Ohne eigenes Auto ging da gar nichts. Und die Busverbindung war denkbar ungünstig.

Siegfried Richter, einem Deutschen Großunternehmer, hatten wir das gesponserte großartig gebaute und angelegte Anwesen zu verdanken. Er ist inzwischen verstorben, seine Frau Ingrid lebte noch längere Zeit in dem Prachtbau im Norden der Insel, dem eigentlichen Wohnsitz des Ehepaares Richter. Leider weiß ich von Ingrid Richter nichts mehr, nur, dass sie nach Deutschland zurückgekehrt ist.

Auch unsere Gemeindefeste haben wir in schönster Erinnerung. Zweite von links: Helga Koch

Heute ist Santa Cruz die Inselhauptstadt

Santa Cruz entwickelt sich nach und nach zu einer touristischen Hauptstadt. Und immer wieder kommen neue Attraktionen hinzu. Der kürzlich eröffnete Palmengarten (*Palmetum*) wird unser nächster Ausflug in den Norden sein. Teneriffa bietet das ganze Jahr über ein kulturelles Leben, an dem sich auch Besucher erfreuen können. *Santa Cruz* und *La Laguna* sind die Gemeinden, in denen die meisten Veranstaltungen stattfinden. Wenn man, wie wir, viele Monate auf der Insel lebt, wird es einem nie langweilig. Das Auditorium von Teneriffa, ein beeindruckendes, architektonisches Kunstwerk, dessen Architektur schon ein Besuch wert ist, ist die meist besuchte Einrichtung. Aber wir müssen gar nicht so weit fahren, hier im Süden gibt es einige Kulturzentren.

Eine gute Möglichkeit, die offene Art der Einwohner Teneriffas kennen zu lernen, sind die volkstümlichen Feste. Im Winter findet das berühmteste statt, „der Karneval" - nach Rio wohl der zweitgrößte und berühmteste der Welt. Selbst aus Deutschland landet jährlich ein Flugzeug aus Düsseldorf mit deutschen Narren.

Gestern besuchten wir im Auditorium in *Los Cristianos* eine Flamenco-Show. Der Saal war gefüllt mit Menschen aller Nationen. Man sollte sich einen solchen Abend wirklich nicht entgehen lassen. So viel Temperament bringen auch nur die Spanier auf.

Auch der Präsident des Hotelverbandes drückte kürzlich seine Zuversicht aus. „Wir haben gerade eine sehr gute Zeit für den Kongressbereich. Dieser spezielle Tourismus birgt zahlreiche Chancen". Diese gute Entwicklung schafft auch Arbeitsplätze. Man bedenke, die Arbeitslosigkeit auf den kanarischen Inseln. Sie ist nicht zu übersehen.

Unterkünfte gibt es für jeden Geldbeutel. Nicht nur in den interessanten Stadtzentren findet man eine Unterkunft nach Wunsch. Wer Einfachheit will, lässt sich verzaubern... Teneriffa bietet jede Menge Unterkünfte, einfach so, zwischen Bananenpflanzen, oder an bescheidenen Orten voller Geschichte.

Die Vielfalt der Museen auf der Insel bietet die Möglichkeit, eine Menge über die Ureinwohner, die Naturwissenschaft oder die Kunst zu erfahren.

Geschichte, Kultur und Shopping vereinen sich in einem einzigen Angebot. Elegante Geschäfte findet man überall auf der Insel. Man kauft preiswert und gut ein, an interessanten Mitbringseln für zu Hause mangelt es nicht.

Das *Anaga*-Gebirge, in der Nähe der Hauptstädte, ist eines der natürlichen Gebiete von hohem landwirtschaftlichem und ökologischem Wert auf Teneriffa - ein weiteres der unzähligen Ausflugsgebiete. Aufgrund seiner speziellen geologischen Form und der natürlichen Artenvielfalt, die es bietet, kann man es als eine „andere Insel" inmitten Teneriffas bezeichnen. Im Inneren kann der Besucher den vom Aussterben bedrohten Lorbeerwald bewundern sowie Ansiedlungen besuchen, die sich in die Natur einpassen. Es ist sogar möglich, eine Nacht im Park zu verbringen: in der *Albergue Montes de Anaga*.

Auch auf Teneriffa haben biologische Produkte einen guten Ruf. Die Nachfrage danach ist ähnlich groß wie in Deutschland. In den Geschäften und auf den Bauernmärkten nimmt der Umsatz sogar trotz höherer Preise zu. Und die Zahl der ökologisch gehaltenen Tiere, insbesondere der Hühner, hat sich mehr als verdoppelt.

Wissenschaft und Forschung
sind auf den Kanaren nichts Neues

Kanarische Unternehmen, etwa im Bereich der Trinkwasseraufbereitung, waren schon immer führend. Erste Apparaturen dieser Art wurden zu einer Zeit entwickelt, als den Inseln aufgrund der explosionsartig anwachsenden Bevölkerung eine Trinkwasserknappheit drohte. Noch heute ist der Anteil des Wassers an den Energiekosten sehr hoch.

Die wichtigsten Forschungsvorhaben auf den Kanaren haben ihren Ursprung in der geographischen Lage der Inseln und in den Besonderheiten der Natur. Das Klima, die starken Winde und die große Zahl der Sonnenstunden bieten einzigartige Bedingungen für den Bereich der erneuerbaren Energie. Der Sitz des *„Instituto de Energías Renovables"(ITER)* befindet sich im Süden Teneriffas. Die Wissenschaftler dort widmen sich der Erforschung, der Herstellung und der Anwendung von Sonnenkraft und äolischer Energie.

Dann gibt es die Abteilung *INVOLCAN*, die sich wesentlich an Forschungsprojekten in aller Welt beteiligt, um durch die Verbesserung der Präventionsmaßnahmen die Risiken im Falle von Vulkanausbrüchen zu verringern.

Teneriffa ist der Sitz des *„Instidudo Astrofisica de Canares"* (IAC) eines astrophysischen Instituts von Weltbedeutung.

In den Sternwarten von *Teneriffa* und *Las Palmas* sind einige der wichtigsten Teleskope der Welt im Einsatz. Dazu zählt auch das *Gran Tecan*, das größte Teleskop auf diesem Planeten. Diese Apparaturen sind Ergebnisse einer Zusammenarbeit von Wissenschaftlern aus den verschiedensten Ländern, auch des deutschen Frauenhofer-Institutes. Hier wurde auch eine *riesige Erde* mit dem siebzehnfachen Gewicht unseres Planeten entdeckt. Größe und Masse wurden mit einem Galileo-Teleskop auf den Kanaren ausgemacht. Der Durchmesser soll das Zwei- bis Dreifache der Erde betragen.

Die kanarische Regierung setzt auf intelligentes, nachhaltiges Wachstum. Auch die Schaffung neuer wissenschaftlicher Einrichtungen ist geplant.

Das Fraunhofer-Institut forscht auch auf Teneriffa. Auch Wissenschaftler aus Deutschland sind hier tätig.

Diesen mythischen schlafenden Vulkan kann man von vielen Punkten *Teneriffas* aus sehen. Auch die Nachbarinseln erfreuen sich an seinem Anblick. Wenn man mit dem Flugzeug kommt, sieht man dieses Wahrzeichen schon aus weiter Ferne.

Es gibt Zufahrtsstraßen von allen Orten der Insel, sogar öffentliche Verkehrsmittel fahren hinauf. Wenn es das Wetter zulässt, kann man mit entsprechender Kleidung und Sonnenschutz bis auf die Spitze steigen - entweder zu Fuß oder mit der Seilbahn bis auf etwa 3.500 Meter. Die restlichen Meter muss man allerdings zu Fuß gehen.

Meine Tochter Gerlinde ist mit ihrem Mann Martin schon zu Fuß hinaufgestiegen. Eine Übernachtung dort oben war für sie nicht möglich, sie hatten mit den Schwefeldämpfen zu kämpfen. Ich erinnere mich, dass sie sehr schnell mit der Seilbahn wieder hinunter gefahren sind.

Blick vom Guajara-Gipfel auf den majestätischen Vulkan Teide

Meine Tochter Heidrun und mein Schwiegersohn Karl hatten nicht mit derart schlechtem Wetter bei der Teide-Besteigung gerechnet. Sie mussten eine Nacht in der Übernachtungsmöglichkeit, dem „Refugium", verbringen. Auf diese Übernachtung waren sie vorbereitet. Sie waren nicht alleine auf dem höchsten Berg Spaniens. Der Abstieg war nicht ungefährlich. Teilweise mussten sie sich, auch noch zusammen mit zwei weiteren Herren, an den Händen festhalten, um nicht vom Sturm weggeblasen zu werden. Nicht umsonst muss man vor einer Teide-Besteigung eine Genehmigung einholen. Sehr oft muss ein Hubschrauber das teilweise unwegsame Gelände absuchen und unerfahrene oder leichtsinnige Bergsteiger aus ihrer Not retten. So hatten unsere Kinder die unterschiedlichsten Erfahrungen mit diesem gewaltigen Berg machen müssen.

Es ist kaum zu glauben, oft sieht der Teide im Winter aus wie mit Puderzucker bestäubt. Da oben kann es auch mal mächtig schneien, während wir unten im Meer oder in unseren Pools baden können. Es kam schon vor, dass alle Zufahrtsstraßen gesperrt waren! Meistens aber nur kurzfristig.

Leider konnten Hermann und ich es uns aus gesundheitlichen Gründen nicht leisten, den Teide zu besteigen, wir sind noch nicht einmal mit der Seilbahn auf 3.500 Meter gefahren, da uns - besonders meinem Mann - die Luft dort oben zu dünn ist. Selbstverständlich zeigen wir all unseren Besuchern die Landschaft rund um den *Teide*. Bis zum „Finger Gottes" - die Felsnadel Roque Cinchado - kann man bequem mit dem Auto fahren. Unzählige Male konnten wir Menschen beeindrucken, die sich dieses gigantische Gebirge ganz anders vorgestellt hatten. Alle meinten immer, die Bergwelt Deutschlands, Österreichs und der Schweiz mit dem Vulkangebirge vergleichen zu können. Eine Fahrt auf der Passstraße bleibt selbst für uns nach all den Jahren immer ein Tagesereignis voller schöner Erinnerungen. Wandermöglichkeiten gibt es auch für Ungeübte jede Menge, selbstverständlich dürfen die Wanderschuhe nicht vergessen werden.

Unser Ziel wird es immer bleiben, dass unsere Gäste während ihres Aufenthaltes auf *Teneriffa* ihr Zuhause nicht vermissen.

Der berühmte Felsen „Finger Gottes" unterhalb des Teide

Ein Muss für jeden Besucher ist das Naturschutzgebiet „Teide-Nationalpark", von der UNESCO zum Naturerbe der Menschheit erklärt. Das ganze Jahr durchgängig gute Klima macht es möglich, zu jeder Zeit, selbst im Januar, ein Sonnenbad zu nehmen. Und wo sonst auf der Welt kann man an 365 Tagen im Jahr den Himmel und die Sterne in einer solch erstaunlichen Klarheit betrachten? Ich weiß nicht, ob es Orte in der Welt gibt, die sich besser eignen, die Schönheiten des Nachthimmels zu entdecken und zu bewundern.

Freizeitbeschäftigung Golf und Yoga

Noch heute gibt es Leute, die denken, Golf sei eine Freizeitbeschäftigung nur für „Reiche". Die Wahrheit ist aber, dass sich in der Geschichte dieses heute weltweiten Phänomens viel verändert hat, und dass Golf im heutigen 21. Jahrhundert einfach als eine der gesündesten Sportarten angesehen wird. Heute über Golfsport zu sprechen heißt, über einen gesunden Lebensstil zu reden. Es ist ein munterer Sport mit dem Privileg, dass man mit Garantie Freunde fürs Leben finden kann. Aus diesem Grund werden immer mehr Golfplätze angelegt, was wegen des hohen Wasserverbrauches für die Grünflächen selbstverständlich nicht selten als negativ bewertet wird.

Ganz in der Nähe von *Los Cristianos* befindet sich eine kleine Oase für alle Yoga-Fans. Egal ob Einsteiger oder Fortgeschrittene, Junior oder Senior, hier kommt jeder auf seine Kosten. Ich war noch nicht dort, aber mir wurde berichtet, dass hier Yoga an den Menschen angepasst wird und nicht der Mensch an Yoga. Yoga für den Alltag muss keiner vermissen, selbst auf der Insel nicht.

Einmal in der Woche ist Frauentag

*M*ittwochs, um 10 Uhr, ist Treffpunkt vor unserem Haus. Je nachdem sind es vier bis acht Frauen aus dem Freundeskreis, die sich auf den Weg nach *Las Galletas* machen. Und ich mittendrin. Wir haben uns gesucht und gefunden. Bereits auf dem Weg dorthin haben wir großen Spaß. Nachdem jede von uns ihre privaten Erledigungen abgewickelt hat, treffen wir uns in der Eisdiele „Valentino". Danach genehmigen wir uns in *Ten Bel* eine Sangria vom Feinsten. Damit diese uns nicht zu sehr in den Kopf steigt, essen wir ein frisches Knoblauch-Baguette dazu. Ein Alleinunterhalter macht flotte Tanzmusik. Natürlich sind die wenigen Tänzer ziemlich überfordert und kommen mächtig ins Schwitzen. Offenbar scheint es ihnen nichts auszumachen. Denn sie kommen trotzdem immer wieder, geschniegelt und gebügelt und oft aus großer Entfernung.

Auf dem Heimweg machen wir bei „Soraya" Halt. Dort serviert man einen selten guten Baraquito (Kaffee mit reichlich Likör). Daheim angekommen – so gegen 16 Uhr – wartet die gemütliche Couch auf mich. Oft ist mir mein Bett aber lieber! Mein Mann empfängt mich jedes Mal mit einem Lächeln. Er gönnt mir diesen „Frauentag" von Herzen.

Osterferien - Osterfreuden

*W*ie in jedem Jahr hatte uns unsere Tochter Gerlinde mit Familie über Ostern besucht. Deren Zwillinge Johannes und Laurens lieben ihre Großeltern über alles, umgekehrt hat die Liebe auch keine Grenzen. Wenn es uns auch oft zu viel wird und wir uns nicht nur freuen, wenn die Kinder kommen, sondern auch froh und dankbar sind, wenn wir sie wieder zum Flugplatz bringen können, ist es immer eine Zeit, die wir nie vergessen werden. Wie schnell werden die Zwillinge erwachsen sein, doch die Erinnerung an die Großeltern kann ihnen keiner nehmen. Bis die Kinder aus dem Haus sind, sind Eltern für ihre Kinder wie ein guter Gastgeber. Wir Eltern meinen oft, sie seien uns sehr ähnlich und dann überraschen sie uns mit ihrem doch ganz eigenen Leben. Ja, Kinder sind ein Geschenk. Diese Gabe müssen alle Eltern eines Tages zurückgeben. Wenn die Kinder studieren, heiraten und ihre eigenen Entscheidungen treffen.

Freude und Schmerz geben sich die Hand. Kinder und Erwachsene leben in verschiedenen Welten, auch in punkto Zeitgefühl. Während die Großen rastlos hasten und alle Zeit verplanen, haben die kleinen Müßiggänger oft die Ruhe weg. Ein Kind hat Experimentierfreuden und will seine Entdeckerlust in Ruhe genießen, ausbauen, in Kreativität umsetzen. Zeit spielt für sie keine Rolle. Ungeduldige Erwachsene führt das oft an ihre Grenzen.

Ich konnte nur staunen, als mein Enkel beim Betrachten eines Blattes meinte, dass meine Hand, also die Hand der Großmutter, mit den Falten und Adern Ähnlichkeit mit einem Blatt hätte. Wie käme ich darauf, solch ein Blatt länger als ein paar Sekunden anzuschauen? Deshalb sind Ruheoasen im Alltag mit Kindern so wichtig. Wenn Eltern

Glück haben, schaffen es ihre Kinder, sie wenigstens im Urlaub ein bisschen zur Ruhe zu zwingen. Durchatmen, entspannen und genießen, das wäre Urlaub und Erholung für die ganze Familie. Nicht umsonst bekommt man Kinder lieber in jungen Jahren! Schon im Februar, zu Opas Geburtstag, den wir mit achtundzwanzig Personen feierten, kam die große Überraschung aus Berlin angeflogen. In Berlin waren gerade Winterferien, auf der Insel hatten wir Badewetter. Jedenfalls gibt es auf *Teneriffa* immer viele Möglichkeiten für schöne gemeinsame Unternehmungen.

Gerüstet für einen Bootsausflug zu den Delfinen und Walen.

Sicher nur „einmal" Straußenfarm

*M*eine Idee war es, einmal mit den Kindern zur Straußenfarm zu fahren, für das angeschlossene Restaurant wird mehrfach Reklame gemacht. Und dazu soll Straußenfleisch sehr gesund sein.

Diesen Tag werde ich nie mehr vergessen. Wir bekamen alle einen Becher mit Futter für die zahlreichen Tiere. Mehr als einhundert Straußen, von klein bis groß, laufen dort auf dem großen Gelände herum. Gleich bei den ersten hungrigen, riesengroßen Exemplaren erlebten wir, wie gefährlich diese Fütterung war. Unsere siebenjährigen Zwillinge, denen ich sogar Handschuhe mitgenommen hatte, gaben das Füttern sehr schnell auf. Es war recht unangenehm, wie diese Raubtiere über den Mais herfielen. Johannes wurde sogar die wunderschöne Loro-Park-Mütze vom Kopf und mit ins Gehege genommen.

Die Lust an diesem Rundgang dauerte nur kurze Zeit. Ich, die dumme Oma, wollte nicht aufgeben, denn anfangs kam mir die ganze Angelegenheit noch harmlos vor, bis ich plötzlich heftig in die rechte Hand gebissen wurde. Das Blut floss, und der Schmerz war groß. Das „Ungeheuer" hatte mir doch tatsächlich ein Stück Fleisch aus der Hand gebissen, das ihm offensichtlich auch noch gut geschmeckt hat. Unglaublich! Zum Glück haben wir immer, wenn wir unterwegs sind, Pflaster in allen Größen dabei.

Außerdem ist meine Tochter Gerlinde Ärztin und konnte mich gleich gut versorgen. Als ich die Hand dann der Besitzerin zeigte, entschuldigte sie sich in aller Form. Das Essen nach der Besichtigung der vielen Tiere war ungewohnt, aber wirklich gut. Über den stolzen Preis waren wir von Leuten aufgeklärt worden, die schon vor uns auf der Farm gegessen hatten, ebenso über diese „Raubtiere". Deshalb hatte ich für die Kinder auch Handschuhe mitgenommen, die jedoch nicht genug vor Verletzungen schützen. Laurens drohte: „Zur Strafe essen wir euch jetzt, weil ihr die Omi so gebissen habt". Diesen Schuppen, eine abgewirtschaftete Holzbaracke, kann man aber auch sonst nicht weiterempfehlen. Wir erfuhren, dass nur der Ehemann ein Spanier ist, ansonsten ist wohl von A bis Z alles in russischer Hand. In jüngster Zeit geben sehr viele Russen ihr Geld auf *Teneriffa* aus, auch privat. Die kostenlose Inselzeitschrift wird seit langem auch in Russisch angeboten.

Jetzt ist das Thema aber noch nicht beendet. Die Innenhand heilte recht gut, dank der fachkundigen Versorgung meiner Tochter Gerlinde, aber mein rechter Ringfinger hatte plötzlich keine Kraft mehr. Nach beinahe drei Wochen ließ ich mich überreden und fuhr zusammen mit meiner Nachbarin, einer Zeugin, zu den Besitzern dieser Farm. Motiviert betrat ich das Restaurant, mit einem Schreiben in der Hand, übersetzt von unserem spanischen Hausverwalter. Die nette junge Frau konnte sich an uns alle, auch an den Vorfall mit der Hand, gut erinnern und zeigte das Schreiben dem Koch, wohl ihr Ehemann. Dieser reagierte gleich erbost, weil mir seine eigentlich sehr nette Ehefrau den Vorfall bestätigte. Daraufhin schickte er diese ganz energisch weg. Von mir wollte er wissen, was ich eigentlich wollte. Ich fragte ihn ganz höflich, ob er keine Versicherung hätte, alles andere stünde ja auf dem Papier. Da drohte er mir doch tatsächlich, mich zu schlagen und schimpfte, ich sollte den Raum verlassen, „rapido" (schnell). Nachdem ich ihm sagte, ich würde erst gehen, wenn ich mich sachlich mit ihm unterhalten hätte, holte er wieder aus und schrie nochmals herum und dass ich zur Polizei gehen solle!

Zum Glück hatte ich eine Zeugin, meine Nachbarin Lisa, die mitgekommen war. Hermann war nicht mit hereingekommen, sondern wartete vor dem Gebäude. Ich sagte, ich würde mir einen Anwalt nehmen, was er nicht gerne hörte. Er betonte nochmals die Polizei. Da hatte ich schon das Gefühl, dass der Eigentümer mit der Polizei unter einer Decke steckte, aber davon später etwas mehr. Jedenfalls wollte der aufgebrachte Kerl mehrmals handgreiflich werden, weil ich mich nicht rausschmeißen ließ. Ich erklärte diesem aufbrausenden Mann, dass er das alles in drei Sprachen in der Zeitung zu lesen bekommen würde. Die Touristen müssen wirklich aufgeklärt und gewarnt werden, bevor noch größerer Schaden passiert! Im Voraus hatte ich schon erfahren, dass man auf dieser Farm nur ganz selten Spanier antrifft.

Jedenfalls - so klärte man mich auf - hätte ich keine Chance auf ein Schmerzensgeld, weil ich keinen ansässigen Arzt besucht hatte und nicht gleich zur Polizei gegangen war. Dazu wurde mir bestätigt, dass wegen der vielen Vorkommnisse kein Unternehmen mehr an einem Versicherungs-Abschluss interessiert sei. Wohl verständlich!

Bei der Polizei sagte man mir, „dieser Herr Strauß" könne doch nichts dafür, wenn ich mich von ihm beißen lasse. Also war es für uns klar, weshalb der Besitzer mich unbedingt zur Polizei schicken wollte. Die Polizei steckte tatsächlich mit ihm unter einer Decke. Es kommt noch dicker! Selbst bei der deutschen Zeitung meinte die Dame: „Leider kann ich dafür keinen Auftrag entgegennehmen, da die Straußenfarm bei uns viel Geld für Reklame ausgibt". Der nette Herr beim Kanaren-Express meldete Bedenken an, da ich ja keine weiteren Zeugen hätte. Dennoch habe ich einen Leserbrief zur Veröffentlichung abgeschickt. Ich hatte nichts zu befürchten, denn an Zeugen mangelte es nicht: meine Tochter, die zum Glück Ärztin ist und meine Wunde bestens behandeln konnte, mein Schwiegersohn, der ein bekannter Anwalt in Berlin ist und die Nachbarin, die freundlicherweise mit mir zur Farm gefahren war. Von den Gesprächen mit den Leuten der einzelnen Zeitungen und den Spätfolgen des Ringfingers habe ich den Kindern gar nichts erzählt. Eine Reaktion auf den Leserbrief habe ich noch nicht.

Jetzt nach Wochen geht es meiner Hand wesentlich besser. War es eine verletzte Sehne? Allerdings ist der Finger etwas schief, ein fester Händedruck schmerzt nach wie vor sehr.

Also, *nur* Gutes kann man nicht von der wunderschönen Insel Teneriffa berichten.

Jedenfalls war der Verwalter unserer Comunidad sofort behilflich bei der Übersetzung ins Spanische, auch er hatte schlechte Erfahrungen mit den Besitzern der Straußenfarm gemacht.

Mein Leserbrief wurde wohl mit viel Interesse gelesen. Freunde erzählten mir, dass im Sommer, als sie mit den Kindern die Farm besuchten, *kein* Futter mehr verteilt wurde.

Freuden und Schrecken des Internet

D as Internet hat unsere Lebenswelt fundamental verändert. Neben vielen Annehmlichkeiten birgt es auch Gefährdungen, die vor allem Kinder und Jugendliche kaum überblicken können. Es ist wichtig, in Schulen früh und eindringlich über Rattenfänger im weltweiten Netz aufzuklären und die Sinne der Kinder und Jugendlichen für die wahren Gefahren unserer offenen Gesellschaft zu schärfen.

Ich gehe von mir selbst aus, ich nehme meinen Laptop mit auf die Insel, und in Friedrichshafen vergehen nur wenige Tage ohne Internet. Wenn man mit all den Lieben stets in Verbindung bleiben möchte, ist natürlich das Skypen eine wunderbare Sache. Als mein allerliebster Enkel Johannes etwa fünf Jahre alt war, fand er skypen besser als alle Dinge sonst auf der Welt. Er meinte: „Omi, wenn du mal gestorben bist, können wir immer noch skypen"! Der allerschönste Halsschmuck sind die Kinderarme von den Enkelkindern; dies muss ich doch mal kurz erwähnen, wenn ich in Liebe an alle meine vier Enkelkinder denke.

Inzwischen ist Johannes acht Jahre alt, und er und sein Zwillingsbruder Laurens besitzen jeder einen eigenen Computer. An einem Kurs haben die Kinder längst teilgenommen, im Gegensatz zur Oma, die nie einen Computerkurs besucht hat. An meine Anfangszeiten erinnere ich mich ungern, halbe Nächte habe ich an diesem „Ungeheuer" zugebracht, leider nicht immer mit Erfolg. Manchmal wollte ich die Axt holen oder einen Hammer. Erst mit 65 Jahren bekam ich meinen ersten Computer, den ausgedienten meiner Tochter Gerlinde, geschenkt. Zugegeben, anfangs hat wohl keiner daran geglaubt, dass ich relativ schnell Gefallen an dieser wirklich guten Sache finden könnte.

Meine elektrische Schreibmaschine landete natürlich sehr schnell auf dem Müll.

Sigrid, eine gute Bekannte, gab mir den Rat, meine Geräte immer zu lieben, gelegentlich auch zu streicheln, anstatt in Wutausbrüche zu geraten. Sigrid war schon oft meine letzte Hoffnung, wenn auf der Insel mal wieder der Notstand ausgebrochen war. Sehr viel Ärger gibt es mit Vodafon auf Teneriffa, wohl mehr als in Deutschland. Ich brachte es so weit, dass man mich aus dem Laden in *Las Galletas* hinauskomplimentierte. Selbst Sigrid, die Informatik studiert hat und ihre Sache versteht, konnte mehrmals nur zu anderen Anbietern raten. Nicht nur wir, zahlreiche andere Laptop-Besitzer hatten viele Jahre Ärger und Aufregungen mit den spanischen Telefongesellschaften. Noch gar nicht so lange teilen unsere lieben Freunde ihren USB-Stick mit mir. Wolfram hatte einen guten und günstigen Weg gefunden. Dafür bin ich äußerst dankbar. Einen Internet-Anschluss für das „Edificio Chasna" konnten wir mangels Interesse leider nicht installieren lassen. Ja, das Internet ist schon eine ganz tolle Sache. Ob auf der Insel oder hier in Friedrichshafen - man ist stets mit allen Lieben und Freunden verbunden. Es vergeht kaum ein Tag, an dem nicht gemailt wird.

Telefon, Anrufbeantworter und Fernsehen

Für unser Telefon haben wir seit Anbeginn einen Festanschluss, den wir aber leider nicht unterbrechen können während unseres Deutschlandaufenthaltes. Ansonsten müssten wir um unseren Anschluss fürchten, im Haus wird kaum ein Festanschluss frei. Dazu jedes Jahr eine neue Telefon-Nummer, das wäre nicht nur für uns, sondern für alle eine Zumutung. Ein Handy mag zwar sehr praktisch sein, ist aber insgesamt gesehen zu teuer. Außerdem ist die Verbindung mit Deutschland wesentlich besser bei einem Festanschluss, der Kundendienst klappt wunderbar. Dazu verfügen wir über eine Billig-Vorwahl-Nummer. Nichts ist so günstig auf der Insel wie das Telefonieren. Das Telefonieren ist ja inzwischen weltweit eine preisgünstige Angelegenheit.

Das Fernsehen darf ich nicht vergessen. Wir haben unzählige Programme, sind somit ständig mit Deutschland und der ganzen Welt verbunden. Um immer einen guten Empfang zu haben, wurde natürlich ein modernes, gutes Gerät angeschafft. Man höre und staune: Auf der Insel ist das Radio hören und Fernsehen nicht gebührenpflichtig. In der Heimat gibt es nicht einmal einen Nachlass bei mehrmonatiger Abwesenheit.

Allgemeine Preisvergleiche

Insgesamt gesehen ist das Leben auf den Kanarischen Inseln günstiger als in Deutschland. Allerdings muss man sich auskennen, nicht nur in den Touristen-Hochburgen gibt es sehr unterschiedliche Möglichkeiten, das Geld los zu werden. Aber das Leben am Bodensee hat auch seinen Preis. Und dies nicht nur für Touristen.

Das Busfahren ist ausgesprochen billig. Für eine Strecke von etwa 20 Kilometern zahlt man etwa 1,30 Euro. Die Taxifahrer in Deutschland könnten von den günstigen Preisen gar nicht leben. Wer nicht handeln kann, ist in Spanien fehl am Platz. Dies gilt insbesondere für die leidenschaftlichen Marktbesucher. In jedem Ort gibt es wunderschöne Märkte, dort gibt es nichts, was es nicht gibt! So ziemlich alle unsere Gäste, Besucher aus Deutschland, fühlen sich sehr wohl auf diesen interessanten Märkten. Durch die günstigen Angebote ist die Verführung natürlich auch groß. Ich spreche aus Erfahrung.

Dies natürlich auch auf den Bauernmärkten. Das Angebot an Obst, Gemüse und Blumen ist überwältigend. Und natürlich gibt es überall frische Ware. Wir selbst leben auf der Insel hauptsächlich von Obst und Gemüse, aber auch von frisch gefangenen Fischen. Unser Städtle ist ein Fischerdorf. In *Las Galletas* werfen die Fischer in aller Frühe ihre Netze aus, anschließend können wir an den Verkaufsständen relativ günstig einkaufen. Die Fische werden ausgenommen, geschuppt und wir müssen diese frische Ware nur noch waschen und würzen. Von unserer Indienreise haben wir immer noch tolle Fischgewürze übrig, Dazu reicht uns ein Salat, und bis mein lieber Mann mit seinem Einkauf heimkommt, habe ich alles gut vorbereitet, in einer halben Stunde steht das leckere Essen schon auf dem Tisch. Wir waren noch nie große Fleischesser, auf

Teneriffa verzichten wir weitgehend auf Fleisch, obwohl dieses wesentlich billiger zu haben ist als in Deutschland. Die geräucherte Wurst schmeckt ganz gut, aber ansonsten kauft man Wurstsorten besser bei den zwei deutschen Metzgern, gar nicht weit entfernt von *Costa del Silencio*. Liebhaber essen oft Hähnchen und Kaninchen. Allein in *Adeje* gibt es vier spezielle Hähnchen-Restaurants, die man sehr empfehlen kann.

Mit der Zeit weiß man natürlich genau, welches Restaurant sich lohnt mit Freunden und Bekannten aufzusuchen. Aber weit fahren müssen wir gar nicht, ganz in unserer Nähe gibt es viele gute und äußerst preiswerte Speiselokale. Vor allen Dingen sind die Getränke wesentlich billiger als in Deutschland. Auch Biertrinker kommen nicht zu kurz. Uns ist ein Rotwein von der Insel viel lieber, wenn es schon Alkohol sein muss. Man kann sagen, dass wir beinahe allabendlich ein Glas Rotwein zum Fernsehen trinken. Ansonsten gibt es frisch gepressten Orangensaft in Mengen. Oft verbrauchen wir in der Woche 10 Kilogramm wunderbar schmeckende Orangen. Ungespritzte Zitronen fehlen nie in unserer Küche. Bananenmilch ersetzt oft eine Mahlzeit. Meine Lieblingsfrüchte sind die „Mangos" und „Mangas", zwischen denen nur ein ganz kleiner Unterschied besteht.

Selbstverständlich kochen wir aus den tropischen Früchten alle Marmeladesorten selbst, meistens Drei- oder Vierfruchtmarmeladen. Der Teide-Honig ist mit keinem anderen Bienenhonig zu vergleichen. In den Bergen haben wir einen Imker entdeckt, der einen Kilogramm Honig für nur 7 Euro verkauft. In den Geschäften zahlt man dann 9,50 Euro. Ja, aus jahrelanger Erfahrung können wir sagen: Für uns ist das Leben auf der Insel wesentlich billiger als in der Heimat.

Nicht vergessen dürfen wir unsere Freunde aus Oberreitnau bei Lindau. Evi und Claus haben in Deutschland alle Zelte abgebrochen, die Landschaftsgärtnerei verkauft und sich ein Paradies in einer sehr günstigen Lage aufgebaut und erarbeitet. Alle vierzehn Tage etwa fahren wir zum Großeinkauf auf diese Finca. Dort können wir uns mit frischem Obst und Gemüse – Bioware – so reichlich eindecken, dass wir viele Tage Vorräte im Haus haben. Dazu gibt es frische Eier, von eigenen Hühnern, die weitgehend von den Obst- und Gemüseabfällen ernährt werden. Und ganz in der Nähe – bei „Rosas Waibel", ursprünglich aus Vorarlberg - holen wir uns 20 Rosen für 3.50 Euro, und selbstverständlich gibt es auch alle anderen Blumensorten zu Großhandelspreisen. Ich betone: alles frisch aus den Anlagen. Blumen haben immer Hochkonjunktur, selbst in Zeiten einer Wirtschaftskrise. Die Lust der Menschen auf Natur ist ungebrochen, sie wollen es in ihren eigenen vier Wänden schön und blumig haben. Auch an Pflanzen und Kräutern erfreuen sich die Deutschen. Für mich ist ein selbstgepflückter Blumenstrauß was ganz Besonderes. Seit zwei Jahren haben Waibels zusätzlich einen Gemüseanbau.

Frische Bohnen mitten im Winter finde ich besonders köstlich. Bei Lidl wird auf dem Heimweg eingekauft, an der guten und preiswerten spanischen Bäckerei kommt man auch nicht vorbei. Da es dort kaum Touristen gibt, ist das Essen in dieser Gegend besonders günstig. Somit haben wir mindestens zweimal im Monat einen Urlaubstag nach meinen Wünschen. Den deutschen Metzger dort an der Strecke hätte ich beinahe vergessen. Allerdings sind die spanischen Schlachter um einiges billiger. Doch wenn wir schon mal Wurst kaufen, dann bei den deutschen Metzgern, die schmeckt uns einfach viel besser. Die spanische Salami ist dagegen sehr gut.

Oft fahren wir bei der Cooperative (Genossenschaft) vorbei, wo die Bauern aus der Umgebung ihre frisch geernteten Früchte hinliefern. Auch sonst kann man so ziemlich alles aus dem ländlichen Bereich bekommen. Zu Preisen, von denen man sonst nur träumen kann –in Deutschland sowieso.

Blumengeschenke bringen wir jedes Mal mit. Leben kann nur gelingen, wenn man nicht nur dankbar annimmt, sondern auch gibt.

Überaus reichlich ist das tägliche Angebot an frischen Fischen.

Einfach unglaublich

Nach fünf Hitzewellen in Folge brannte es im Jahre 2012 auch in Gegenden, in denen es seit 150 Jahren keine Waldbrände mehr gegeben hatte. Hunderte Hektar Wald sind dem Brand zum Opfer gefallen. Schlimmer war es wohl noch es auf der Nachbarinsel *La Gomera*. Dort wüteten die Flammen im Nationalpark von *Garajonay*, der als ökologisches Juwel gilt und zum Weltnaturerbe der Unesco gehört. Feuerbrünste gab es auch auf dem spanischen Festland und in Italien.

Sehr besorgt war ich von Deutschland aus, weil einige Bekannte von uns auf der Insel betroffen und in Not geraten waren. Noch nach Jahren sieht man die verkohlten Bäume, die sich erstaunlicherweise langsam wieder erholen.

Wir im Süden der Insel und direkt am Meer haben eher eine Sturmflut zu befürchten. Meeresbeben sind keine Seltenheit. Wellen von mindestens zehn Metern Höhe, direkt hinter dem Haus, sind nicht mehr lustig.

Der Tag nach einem Sturm – das Meer ist immer noch aufgewühlt.

Spontaner Entschluss

Sachen gibt's, die gibt's gar nicht. Viele Jahre hatten wir kein eigenes Auto auf der Insel. Bei Bedarf stand uns immer ein Mietauto zur Verfügung.

Eines Tages wurde ein Mitbewohner des Hauses mitten aus dem Leben abberufen – auf dem Tennisplatz. Dieser Herr war im Besitz eines goldfarbenen Renaults „Clio". Dieses Auto war nur auf den Namen des Besitzers zugelassen und die leidgeprüfte Ehefrau wollte schnellstmöglich das Auto verkaufen. Weshalb es da ein großes Problem und Eile gab, weiß ich heute wirklich nicht mehr. Ursula hatte das Auto am schwarzen Brett zum Verkauf angeboten. Wir hatten es gelesen, wie andere auch, es bestand wenig Kaufinteresse. Nach zwei Tagen kamen wir beide, mein Hermann und ich, beim Frühstück auf die Idee, uns mal das Auto näher zu betrachten. Der Armen konnten wir einen großen Gefallen tun – und uns schließlich auch. Ganz spontan hatten wir ein Auto, welches nur noch umgeschrieben werden musste. Was auf Teneriffa nicht so einfach ist wie in Deutschland. Es gibt nur *eine* Zulassungsstelle auf der ganzen Insel, und diese befindet sich in *Santa Cruz*. Es bedeutete, einen ganzen Tag in der Schlange zu stehen, und wenn man Pech hatte und nicht alles in Spanisch lesen und ausfüllen konnte, musste man noch einen Tag opfern.

Zum Glück kannten wir Dieter sehr gut, der bei der Züricher Versicherung beschäftigt war – rein zufällig war dort auch das Auto versichert. Der liebe Dieter hatte oft in *Santa Cruz* bei der Zulassungsstelle zu tun, spricht perfekt Spanisch und erledigte unser Problem sofort. Natürlich wechselten wir die Versicherung nicht, wir ließen auch unsere Hausratsversicherung, die auf der Insel kein Luxus ist, umschreiben, hatten somit eine kleine Gegenleistung.

Dieses Auto fahren wir heute noch gerne, das „Goldene Auto" ist schon immer aus der Ferne zu erkennen, und nicht nur Gäste aus Deutschland freuen sich, wenn wir denen die Insel in all ihrer Schönheit präsentieren. Viele Freunde und Bekannte haben wir schon zu Ausflügen und auch zu Wanderungen eingeladen. Ja, das Auto ist keine ganz billige Angelegenheit. Immer wieder gab es einen Grund, einen neuen Garagenplatz zu suchen. Inzwischen müssen wir jedes Jahr turnusmäßig beim *TÜV* (Trafico) antreten. Und einige Monate abmelden, wenn wir in Deutschland sind, ist leider auch nicht möglich. Ich bin froh und dankbar, dass mein Ehemann mit seinen 83 Jahren immer noch sicher und gut Auto fährt.

Hier zeigen wir Freunden die exotische Schönheit und reiche Vegetation der Insel.

Wer den Schaden hat...

*E*s war mal wieder kurz vor meinem Geburtstag. Ich hatte schon vorher einen wunderschönen Blumenstrauß von Freund Dieter geschenkt bekommen. Wir waren gemeinsam im Gottesdienst gewesen. Hermann wollte den Geburtstagsstrauß ins Auto bringen, weil wir immer gerne in *Las Americas* etwas essen, meistens im Haus der Begegnung, und danach herumbummeln. Im Kofferraum des Autos sollte es etwas schattiger sein.

Es dauerte eine ganze Weile, bis er wieder kam und immer noch die Blumen in der Hand hielt. Der Grund: Das Auto war weg und unser Schrecken groß! Wir konnten es beide nicht glauben, wir hatten exakt geparkt, hinter und vor uns standen noch weitere Autos. Es war gegenüber vom Hotel Olympia. Weiteres Suchen war erfolglos, wir waren uns beide ganz sicher wo der Platz war, an dem wir das Auto abgestellt hatten. Also, auf zur Polizei, mit dem tollen Blumenstrauß in der Hand, an einem wunderschönen Sonntag.

Bei der Polizei sprach keiner Deutsch, und so hervorragend sind meine Spanischkenntnisse auch nicht. Jedenfalls war das Auto weg und musste gesucht werden. Wie es bei der Polizei eben so zugeht, mussten wir den Inhalt des Kofferraumes natürlich genau angeben. Neben uns stand ein deutsches Ehepaar, die Leute hatten zwar noch das Auto, dafür war auf dem Flohmarkt die gesamte Briefmappe mit allen Papieren und sonstigen Unterlagen aus der Hosentasche gestohlen worden. Die hatten aber gleich einen Übersetzer dabei, da muss es um sehr viel gegangen sein.

Jedenfalls teilte man uns mit: Falls das Fahrzeug nicht in wenigen Tagen auftaucht, könnten wir die Suche aufgeben. Ersatzteile für einen Renault kommen aus Frankreich und es dauert bis zu vier Wochen, bis ein Auto repariert werden kann. Deshalb gibt es Banden, die solch ein tolles Auto ausschlachten und den Rest in „*el barranco*" (die Schlucht) werfen. Gute Aussichten!

Auch bei der Versicherung war man bemüht, das Fahrzeug wieder zu finden, ich fragte täglich bei der Polizei nach – und immer nichts!

Ausgerechnet zu dem Zeitpunkt hatten wir Besuch aus Hannover eingeladen, den Bruder unseres Schwiegersohnes mit seiner Frau. Rolkers sollten die Insel kennen lernen. Nach zwölf Tagen kam ein Einschreiben von der Post. Wir sollen endlich unser Auto abholen, welches auf dem Platz in *Adeje* stehe, wo die Abschleppwagen abgestellt werden. Wir verstanden die Welt nicht mehr. Wie kam unser Auto da hin? Wir sollten etwas über 200 Euro bezahlen, um das Auto auszulösen. Ich rief die Polizei. Ein freundlicher Polizist erklärte uns: „Das Geld müssen Sie zahlen, können es aber, nach Erklärung des Sachverhalts, auf dem Rathaus wieder zurückverlangen." Der Weg nach *Adeje* war uns natürlich nicht zu weit, aber er war umsonst. Schriftlich sollten wir alles einreichen. Nur Dieter konnte uns hier weiterhelfen. Wie bereits erwähnt, hatten schon dessen Vorfahren auf der Insel großen Besitz erworben.

Dieter ist auf der Insel aufgewachsen, auf dem Rathaus nicht unbekannt und der Vorsitzende unserer Kirchengemeinde. Dieser gute Freund ist hilfsbereit in allen Lebenslagen. Gut, dass es ihn gibt! Ich hatte meinen Bericht für das Rathaus geschrieben, den Dieter mir übersetzte. Natürlich bin ich auch nicht immer die Schlauste. Alles hatte ich in meinen Namen geschrieben und unterschrieben, während der Renault auf den Namen meines Mannes zugelassen ist. Somit war alles umsonst, Dieter musste nochmals bemüht werden. Es ist bekannt, dass in Spanien alles viel länger dauert als in Deutschland, erst recht, wenn die Spanischkenntnisse nicht immer ausreichen.

Längst hatten wir das Geld abgeschrieben. Im nächsten Winter fanden wir auf dem Kontoauszug einen Betrag, den wir anfangs gar nicht deuten konnten. Die Überweisung kam vom Rathaus in *Adeje*, zusammen mit einer Entschuldigung eines Polizisten. Die Straßen würden mittels Computer überwacht und kontrolliert, und unser Auto war offenbar aus Langeweile abgeschleppt worden. Solche mysteriösen Dinge kämen wohl deshalb vor, erklärte man uns, weil es sowohl die *Policia Civil* (etwa: Landespolizei) als auch die *Policia Local* (für die Ortschaft) gebe.

Niemand hatte uns diese Story abgenommen, man hatte generell an „Parksünder" gedacht, und so war es auch immer wieder zum Ausdruck gebracht worden.

Beschauliches Inselleben

Ganz andere „Inselfreuden"

Zu viert, wohlbemerkt ein Damen-Quartett – Inge aus Görlitz, Marie-Luise aus Gera, Irene aus Friedrichshafen und ich - machten wir einen Ausflug zum Teide. Wo mein Mann war, weiß ich nicht mehr, vermutlich in Friedrichshafen. Natürlich reisten wir mit unserem Auto. Nach einer fröhlichen Rast, einer Kaffeepause, fuhren wir weiter, wir hatten ja ein volles Programm. Vielleicht 300 Meter nach der Raststätte krachte ein Gegenstand an unsere linke, hintere Autotür. Den Knall konnte sich keine von uns erklären. Plötzlich forderten uns drei etwas dunkelhäutige Männer mit ihrem Auto auf, anzuhalten. Wir hätten ihren Seitenspiegel während der Fahrt abgerissen! Ich wollte wissen, wo sich der Spiegel denn jetzt befände. Einer sammelte einen total verrosteten Spiegel auf der Straße auf. Ich lachte ihn natürlich aus und sagte: „Ich gehe zur Polizei, Sie sind Betrüger."

Aber haben vier ältere Frauen gegen drei gestandene junge Männer eine Chance? Ich sollte 190 Euro für deren vermeintlichen Schaden bezahlen. Meine Reaktion darauf: „Ja, gut, rufen wir die Polizei!" Frech reichte er mir sein Handy. Diese Schlitzohren wussten besser als wir, dass vom Teide aus in dieser Höhe kein Anruf getätigt werden kann. Natürlich funktionierte auch unser Handy nicht. Als er weiterhin unsere Anschrift oder unser Geld verlangte, zeigte ich ihm den Vogel. Für diese Auseinandersetzung reichten meine Kennnisse mehr als genug. Ich glaube, meine drei Damen machten sich schon Sorgen um mich. Ich sagte den Gaunern, die sollten das Geld doch bei der Züricher Versicherung abholen. Wir hatten Glück, ich war denen wohl überlegen, und das mit der Versicherung reichte aus. Unsere Auto-Nummer hatten die schon notiert. Die clevere Irene hatte deren Auto-Nummer und

Marke ebenfalls aufgeschrieben. Der Schock saß uns allen im Nacken, aber ich war stolz auf mich und mein Handeln. Der herrliche Aufstieg zum Teide, der rote Klatschmohn, der blühende Oleander, die grell flammenden Ginsterbüsche, der dichte Pinienwald - alles war wie ausgelöscht.

Auf dem Heimweg fuhren wir selbstverständlich bei der Versicherung vorbei, ich hatte zum Glück gleich drei Zeugen. Uns wurde gesagt, unser Erlebnis wäre kein Einzelfall, und diese Banditen hätten auch sehr oft Erfolg mit ihrer Betrüger- Methode. Die Damen in dem Büro waren recht froh, endlich mal genaue Aussagen zu bekommen.

Tatsächlich bekamen wir nach geraumer Zeit von einer Werkstatt auf der Insel *Gran Canaria* eine gesalzene Rechnung, die wir selbstverständlich sofort der Züricher Versicherung überbrachten. Nur durch richtiges Handeln kann man sich vor größerem Schaden absichern. Auch das sind „Inselfreuden"!

Überall anzutreffen: Felsfiguren wie aus einem Fantasyfilm, die sich aus Lavagestein gebildet haben.

Erst nach Weihnachten kam die Bescherung

*E*s sollte eine ganz besonders schöne Silvester-Feier 2011/2012 werden. Meine Schwester Ingrid war mit Wolfgang auf der Insel, und zusammen mit den Schweizer Freunden und guten Bekannten aus Friedrichshafen sollte gefeiert werden. Rechtzeitig bestellten wir Kochs in einem guten Lokal ganz in unserer Nähe einen Tisch. Es war nur der Küchenchef zugegen, ein Deutscher, und somit gab es keine Sprachschwierigkeiten. *Alles* wurde besprochen und für 19 Uhr ins Anmeldebuch aufgenommen. Mit Sicherheit wurde uns nicht gesagt, dass wir eine Anzahlung leisten müssten, und so hatten wir auch keine gezahlt. In festlicher Garderobe erschienen wir nun alle am Silvesterabend voller Vorfreude im schön geschmückten Lokal. Doch da erfuhren wir: „Für Sie ist kein Tisch reserviert". Ich wurde ungehalten, und der Besitzer, der kein Deutsch spricht, kam in größte Verlegenheit. Ich zeigte ihm das Buch, in welchem unser Eintrag vorgenommen worden war. Es war wohl an der fehlenden Anzahlung gescheitert. Woher hätten wir das wissen sollen? In der Regel ist es so etwas nicht üblich, wenn Name, Telefon- und Hausnummer notiert sind. Zumindest hätte man uns auf die fehlende Anzahlung aufmerksam machen können. Unseren Gästen gegenüber war mir das alles sehr peinlich, ich flippte aus. Der Besitzer sah, wie wütend ich war, und machte uns unerwartet ein gutes Angebot: Wir könnten einen wunderschön vorbereiteten Tisch bekommen, falls wir es schaffen würden, bis 21 Uhr gespeist zu haben. Die Gäste für diesen langen Tisch hatten erst ab 21 Uhr reserviert. Für jede Person war eine halbe Flasche Sekt im Preis inbegriffen, die Mitternachts-Weintrauben ebenso. In den zwei Stunden, die wir Zeit hatten, speisten wir wirklich gut. Außerdem bekamen wir alles mit, was für einen gemütlichen Abend nötig war, den Sekt, die Trauben, die Silvester-Scherze, den Kopfschmuck, und zusätzlich erhielten wir pro Person einen Preisnachlass von 10 Euro. Besser hätte es uns gar nicht gehen können. Dem vollbesetzten Raum konnten wir schließlich entfliehen, und daheim, in unserer Wohnung, wunderschön Silvester feiern. Dieses Lokal besuchen wir immer gerne, wenn wir mit Freunden gut essen wollen. Der Besitzer sagte mir, dass sein Herz jedes Mal „Bum, Bum" macht, wenn er mich sieht.

Lustige bunte Silvesterrunde

*E*s passte sehr gut, wir wollten schon lange mal den Norden der Insel besser kennen lernen. Dazu haben wir liebe Freunde aus Friedrichshafen, die in *Orotava* ein wunderschönes Haus mit Gartengrundstück bewohnen. Wir kennen uns nicht von Friedrichshafen, aber wie es so ist, es spricht sich sehr schnell herum, wo und wann sich Deutsche aus Friedrichshafen und der näheren Umgebung auf der Insel niedergelassen haben. Seit Jahren treffen wir uns gerne. Emilie und Gerhard sind sehr gastfreundlich, meistens nehmen wir noch andere Besucher mit, wenn wir zu ihnen in den Norden fahren. Emilie war gleich dafür, dass wir einen gemütlichen Nachmittag bei ihnen verbringen. Es sollte eine Überraschung für mich werden.

Wir lernten vier weitere Personen kennen, die man erst mit uns zusammen zu einer gigantischen Oldtimer-Show führte. Da waren Autos vom Feinsten zu sehen, darunter jedoch kein einziges deutsches Fahrzeug. Die Damen und selbst die Kinder waren jeweils zum Autotyp passend gekleidet, einfach eine Augenweide. Selbst ein Leichenwagen aus dem letzten Jahrhundert war ausgestellt, noch mit gültigem Kennzeichen. Es hieß, dieses Fahrzeug könne man heute noch mieten. Sehr lustig ging es zu, es war wie auf einem Volksfest. Spanische Spezialitäten wurden angeboten, die wir längst lieben gelernt hatten, und einige Musikkapellen gaben ihr Bestes. Am Abend, nach der Kaffee-Überraschung, fand dann der große Faschingsumzug statt.

Im Norden war es furchtbar kalt. Das ist der große Unterschied auf Teneriffa. Wir im Süden haben überwiegend Sonnenschein, Regen fällt leider selten. Der Norden ist wunderbar „grün". Deshalb bevorzugen viele Urlauber den Norden, während die sogenannten Überwinterer sich lieber in den wärmeren Temperaturen des Südens aufhalten. Ich gehe von mir aus, so oft wir den wunderbaren Norden besuchen, friere ich ständig. Besonders meiner Osteoporose tut das warme Klima bei uns unten gut. Diese schmerzhafte Krankheit war ja auch mal der eigentliche Grund für den Wohnungskauf auf der Insel. Heute geht es mir gut, Schmerzen habe ich nur, wenn es kalt und regnerisch ist, egal wo.

Es regnete nicht, aber alle waren mit festen Schuhen und warmen Jacken unterwegs. Und schon war ich richtig erkältet. Schon morgens hatte Emilie einen Teig für „Faschingsküchle" vorbereitet. Das war die zweite Überraschung am Faschingsdienstag. Mir kam das Ausbacken der Küchle zugute, meine Hände wurden dabei warm, und ich sorgte dafür, dass das typisch schwäbische Gebäck möglichst schnell auf den Tisch kam. Emilie und die neue Bekannte – übrigens auch aus Friedrichshafen – kümmerten sich um einen wunderbar heißen Kaffee und einen schön gedeckten Tisch, und mein Geburtstags-Kaffeetrinken konnte beginnen.

Am Rosenmontag hatten wir uns in *Puerto de la Cruz* mit Ute und Otto getroffen. Ute war einst meine Kollegin gewesen, eine gute Bekannte aus „alten Zeiten". Dieses nette Ehepaar verbringt seit vielen Jahren einen längeren Winterurlaub in Porto. Wir erlebten einen wunderschönen gemeinsamen Tag, obwohl ich mich wieder einmal nicht warm genug angezogen hatte. Bei uns an der *Costa del Silencio* war es mindestens sieben Grad wärmer. Da wir alle gut zu Fuß sind, eroberten wir die ganze Stadt. Abends, im Hotel, wurde ich von vorne bis hinten verwöhnt. Bei der Ankunft ist dem freundlichen Personal sofort aufgefallen, dass ich meinen Geburtstag in deren

Haus feiern würde. Das Vier-Sterne-Hotel *Garoé* ist absolut empfehlenswert: beste Lage und mittels Shuttle-Bus ist man schnell im Zentrum. Die Abendüberraschung war mehr als gelungen. Wir bekamen einen extra Tisch zugewiesen, reichlich geschmückt, nur mit Platztellern gedeckt und mit Sektgläsern. Also ließ der Sekt nicht lange auf sich warten. Zum Nachtisch servierte man eine Eisbombe, und selbst der Hausherr kam eigens, um mir zu gratulieren. Der Kellner schwänzelte ständig um uns herum, alles zu meinem Wohlergehen. Ja, solch ein Geburtstag, dazu noch am Rosenmontag, bleibt ewig in Erinnerung. Zum Glück war unsere Garderobe passend, wir waren auf Karneval eingestellt. Schon morgens hatte man uns eine Flasche Sekt mit zwei Gläsern in unserem gemütlichen Zimmer auf den Tisch gestellt.

Ute und Otto besuchten uns einige Tage später und reservierten in *Chasna* für den nächsten Winter ein Appartement, direkt über uns. Es war wohl der kälteste Winter seit Jahren im Norden von Teneriffa. Otto war ständig krank, was wohl nicht Sinn der Sache ist, wenn man den Urlaub auf der Insel des ewigen Frühlings verbringt, während es in Deutschland der mildeste Winter seit langer Zeit war. Zum guten Glück haben wir Menschen keinen Einfluss auf die Wetter-Kapriolen. Jedenfalls während ich jetzt schreibe, bin ich mitten im August am Bodensee so warm angezogen wie sonst im Herbst. Die Vorfreude auf die Zeit in *Costa del Silencio* ist groß. Längst haben wir unseren Flug gebucht. Wir werden vom 5. Januar bis zum 27. April in *Chasna* sein.

Was uns wohl immer in Erinnerung bleiben wird

*U*nbedingt sehen muss man den Strand *El Médano* im Küstenbereich von *Granadilla*, mit drei Kilometern der längste Strand der Insel. Sein feiner Sand lädt zum Spaziergang bis zum nördlichen Ende ein. Wer den Wunsch verspürt, die heißen Sandstrände zu verlassen, für den eignet sich das wilde Nass bestens, um seinen Wagemut unter Beweis zu stellen. Hier fanden schon mehrmals Weltmeisterschaften im Surfen oder Kite-Surfen statt. Am Himmel schweben farbenfrohe Gleitschirme dahin.

Teneriffa kann sich mit einem Park im Norden rühmen, wo Kinder zu Erwachsenen werden und Erwachsene noch einmal Kind sein zu dürfen. Der „Loro-Park" in *Puerto de la Cruz* wird von den meisten Urlaubern sogar mehrmals besucht. Den Gorillas, Tigern wie auch den Orkas, Delfinen, Pinguinen, Papageien und vielen anderen Tieren hautnah zu begegnen und sie zu erleben, ist ausgesprochen aufregend. Unser Enkel Laurens war ausgewählt worden, in einem kleinen Boot inmitten der Delfine zu schippern. Zu seiner Überraschung verabschiedeten ihn vier dieser nassen Tiere mit einem Küsschen. Ob sein Zwillingsbruder Johannes ihn bewundert oder beneidet hat, habe ich nicht bemerkt. Es war ein unvergessliches Erlebnis mit der ganzen Familie.

Im Süden der Insel befinden sich zwei Wasserparks, das Aqualand und der Siam Park (der größte Europas). Welche Emotionen da hoch kommen! Wie viel Schwindelgefühl hält man ohne Beunruhigung aus? Sich beweisen und dabei gewesen sein! Zum Beispiel auf dem „Tower of Power" – auch Adrenalinrutsche genannt – beim steilen Fall ins Maul des „Drachen", bei der immer schneller werdenden Fahrt im Krater des „Vulkans" oder beim Surfen - ein Riesenspaß, aber nichts für Weicheier! Der Siam-Park mit Wellenpalast, Turm der Macht, großem Drachen usw. gehört wohl zu den spektakulärsten Themenparks, die es überhaupt gibt – ein herrlicher Zeitvertreib. Dennoch ist das alles zu aufregend für mich. Zum Glück gibt es dort ein gemütliches Plätzchen zum Kaffee trinken und Ausruhen. Unzählige Besucher zahlen dafür gern den hohen Eintrittspreis. Für sie bedeutet es Adrenalin pur.

Wussten Sie, dass es in *Icod de Los Vinos* den tausendjährigen Drachenbaum, *Drago Milenario*, gibt – der bekannteste Drachenbaum der Kanaren? Er gilt als der älteste Baum des Archipels. Seine Höhe beträgt siebzehn Meter, der Stammumfang 20 Meter. *Icod de Los Vinos* und Umgebung laden zum ganztägigen Verweilen ein. In den zahlreichen Bodegas, wo es die typischen, leckeren Liköre und Weine der Insel zu kaufen gibt, hat man die Möglichkeit, diese auch zu kosten. Und wer würde nicht wissen wollen, wie der beste Wein schmeckt, den die Einheimischen „Göttertrank" nennen?

Von hier aus hat man einen wunderbaren Ausblick auf *Garachico*. In der Vergangenheit galt der Hafen dieses Orts als einer der wichtigsten Häfen Teneriffas. Durch einen Vulkanausbruch wurde *Garachico* im Jahr 1706 fast komplett verschüttet. An dieses Unglück erinnern heute nur noch wenige Sehenswürdigkeiten: das alte Stadttor, beinahe das einzige, welches von damals übrig geblieben ist; eine Figur, die einen Einwanderer mit vielen Koffern darstellt – ein Hinweis auf den An- und Ablegehafen für Reisende und Güter der damaligen Zeit. Historische Gassen und Gebäude prägen diesen Ort. Die alte Festung (Castillo) befindet sich direkt an der Küste und beherbergt heute ein Museum.

Wer Teneriffa besucht, kann die Seele baumeln lassen, beim Ausflug zu den Lorbeerwäldern, Pinienhainen, Vulkanlandschaften, Bananenplantagen, den Stränden oder Steilküsten. So lernt man die ursprüngliche Seite Teneriffas kennen und erlebt einzigartige Momente. Die Insel bietet endlose Möglichkeiten für jeden Geschmack und für jedes Alter. In all den Jahren hatten wir viele Möglichkeiten - mit guten Freunden oder Besuch aus der Heimat - diese wunderbare Insel kennen zu lernen und zu erkunden. Dankbar sind wir, dass uns trotz manch widriger Umstände nie ein Unglück zugestoßen ist. Wichtig war: Richtiges Schuhwerk und immer einen gefüllten Rucksack auf dem Buckel. Ich habe jedes Mal kontrolliert, ob auch alle eine volle Wasserflasche im Gepäck hatten.

Abends wölbt sich der unvergleichliche Sternenhimmel über die Insel, bei dessen Anblick man ins Schwärmen gerät. Und wer bedauert es nicht, wenn man nach einem langen Ausflugstag für einen Blick hinauf zu müde ist? Übrigens: Der beliebteste Strand „Las Teresitas" ist eineinhalb Kilometer lang und durch Wellenbrecher vor Strömung und Wellen geschützt. Mit Sand aus Afrika wurde er künstlich angelegt und ist deshalb der einzige „weiße" Strand auf der ganzen Insel - ein sehr beliebtes Ausflugsziel für Familien, besonders an Wochenenden.

Im Norden hat der Wind den Ort *Rambla de Castro* in *Los Realejos* zu seinem Freund gemacht. Es ist der Olymp des Gleitschirmfliegens und die Wiege des Wellenreitens mit der Möglichkeit, diese beiden Sportarten das ganze Jahr über auszuüben.

El Médano: Für Surfer kann es nicht stürmisch genug sein.

Auf dem Weg in den Norden lohnt es sich, in *Candelaria* anzuhalten. Obwohl es nur ein ganz kleiner Ort ist, befindet sich dort die *Basilica de la Virgen de Candelaria*, die die Schutzpatronin der Kanaren, die „Schwarze Madonna", beherbergt. Den Rand des Strandes säumen enorme Statuten der Guanchen-Könige. Neun waren es, die zur Zeit der Ankunft der Spanier die Ureinwohner von Teneriffa regierten. Die Geschäfte in der Fußgängerzone sind voll von Andenken und schönen Geschenkartikeln. Und es gibt eine Menge Blumengeschäfte. Die Besucher der Basilika überschütten die „Schwarze Madonna" geradezu mit Blumensträußen.

Einen Tagesauflug nach *Buenavista del Norte* planen wir jedes Jahr ein, meistens mit mehreren Freunden. *Buenavista del Norte* heißt so viel wie „gute Sicht im Norden". Zu dieser Gemeinde gehört der Landschaftspark *Teno*. Am Ende der Strecke befindet sich ein Leuchtturm. Hier hatte ich schon das Gefühl, am Ende der Welt zu sein. Zu diesem Punkt der Insel führt eine Straße mit einer Hinweistafel: Nutzung auf eigene Gefahr. Bei Sturm und schlechtem Wetter kommt es hier zu Erdrutschen. Die Straße soll einmal für einen Enkel von Franco gebaut worden sein, den kleinen, etwas abgelegenen Palast sieht man von der Straße aus. Wer da heute wohnt, ist mir nicht bekannt. Am Meer haben wir immer gerne die frisch gefangenen Fische gekauft. Ansonsten gibt es in dieser Gegend unzählige Tomaten-Plantagen. Noch nie sind wir ohne eine Kiste Tomaten nach Hause gefahren und konnten immer großzügig Tomaten verschenken. Nicht zu vergessen die herrlichen kanarischen Eintöpfe und das besonders gute Ziegenfleisch, das man in dieser Gegend serviert! Ohne Ziegenkäse von dort fährt sicher niemand heim.

Welche „Überraschungen" erwarten uns noch?

Seit Wochen haben unsere Friedrichshafener Freunde die Flüge für den Winter 2014/15 gebucht. Unbeschreiblich schöne Wanderungen und Begegnungen haben uns zusammengeführt. Die beliebtesten Fischlokale kennen wir längst. Wir, die alten Hasen, haben es geschafft, dass wir alle zu einer großen Familie zusammengewachsen sind. Selbst in Deutschland sind wir inzwischen unzertrennlich. Regelmäßig finden sich zehn bis zwölf Personen zusammen zu einem gemütlichen Abend, natürlich bei gutem Essen und spanischem Wein. Dann tauschen wir viele Erinnerungen aus, dabei steht die Vorfreude auf den kommenden Winter immer im Mittelpunkt.

Im April 2014 kam die große Überraschung - Uschi und Wolfram hatten für zehn Personen ein Segelboot gechartert. Wir alle waren sofort dabei. Selbst diejenigen, die wegen Seekrankheit Bedenken angemeldet hatten – dazu zähle auch ich – ließen sich das einmalige Erlebnis nicht nehmen. Obwohl zwei Bodenseeskipper mit an Bord waren, durften wir nicht ohne einen erfahrenen ortskundigen Skipper starten, was auch wirklich gut war. Der Atlantik ist nicht der Bodensee. Der Start war im Hafen von *Las Americas*. Es dauerte gar nicht lange, bis wir zu den Delfinen und Walen gelangten. Ein einmaliges Erlebnis!

Zu beiden Seiten des Bootes schwammen die Meeresgiganten neben uns her. Viele ruhten und ließen sich von uns gar nicht stören. Einmal entdeckten wir vier schlafende Delphine direkt neben uns. Unser Bootsführer erklärte uns, dass Delphine mit der einen Gehirnhälfte beobachten, während die andere Hälfte schliefe. Es muss wohl so sein, denn plötzlich erwachten diese Prachtexemplare und tauchten sofort ab. Der erfahrene Skipper schipperte uns selbstverständlich auch zu den Strömungen und Aufenthaltsorten, die wir alleine niemals gefunden hätten. Außerdem stelle ich mir vor, dass Unerfahrenheit auch zu Kollisionen führen könnte. Vor Begeisterung hatten wir kaum Appetit, obwohl Essen und Trinken im Preis inbegriffen war. Nachdem ich – wie konnte ich nur - etwas gegessen und einen kleinen Becher Weißwein getrunken hatte, ging das Malheur los. Ich musste das Fotografieren ganz schnell aufgeben, welches natürlich auf dem unruhigen Meer sowieso sehr beschwerlich und wackelig war. Mal waren die Meeresriesen links, mal rechts des Schiffes, es wackelte ununterbrochen, und ich hätte natürlich wissen müssen, dass ein Glas Mineralwasser für mich geeigneter gewesen wäre. Ich war aber nicht alleine seekrank, wir Landratten hatten nichts dagegen, als das Boot wieder im Hafen anlegte. Der liebe Herbert hatte für einen fröhlichen Ausklang des wunderbaren Tages schon einen Tisch ganz in der Nähe des Puerto Colon für uns reservieren lassen. Ich konnte nur alle bewundern, die diesen Abschluss mit gutem Essen krönen konnten, mir reichte eine leichte Gemüsesuppe. Draußen ging die Sonne über dem Meer unter.

Nur drei Wochen vor mir hat Hermann Geburtstag. Da mein Mann gerne feiert, dies meistens in größerem Rahmen - wenn nicht auf der Insel, dann ganz sicher in Friedrichshafen - habe ich längst beschlossen, meinem Ehrentag zu entfliehen. Um eine Einladung zum Kaffeetrinken - eine kleine Nachfeier - in unserer Wohnung komme ich allerdings selten herum. Eine Torte von Marie-Luise, mit Liebe gebacken, ist schon ein Wink mit dem sogenannten Zaunpfahl. Ich habe schon erlebt, dass meine *Chasna*-Freundinnen zu Mitternacht, wenn wir heimkamen, mit den wunderschönsten Blumensträußen vor der Tür standen. Eine war immer dabei, die unsere Heimkehr ausspioniert hatte. Ein Sekt im Kühlschrank – für alle Fälle – bringt uns nie in Verlegenheit.

So vergeht die Zeit. So war es auch, als Christina und Herbert uns mit ihrem Besuch völlig überraschten. Unsere Freunde aus der Heimat haben auch schon vor Jahren in *Las Americas* in einem Neubau Eigentum erworben. Leider musste Christina schon mehrere Jahre furchtbar leiden. Letztmals war sie über Weihnachten in die super eingerichtete Wohnung nach Teneriffa gekommen, um Abschied zu nehmen. Ich habe Christina wie eine eigene Schwester geliebt. Zur Beerdigung von dieser starken, wunderbaren Frau, am 8. Mai, sind wir gerade rechtzeitig nach Hause gekommen. Nichts bleibt im Gedächtnis eines geliebten Menschen so stark bewahrt, wie die Erinnerung daran, was für ein Mensch einer gewesen ist.

Gott kann Wege aus der Ausweglosigkeit weisen. Er will das dunkle Gestern in ein helles Morgen verwandeln. Zuletzt in den leuchtenden Morgen der Ewigkeit.

Delfine, mal links, mal rechts neben unserem Boot. Hier schlafen sie noch.

Die gute Sache mit dem Mailen hatte ich bereits erwähnt. Wie wichtig diese Einrichtung sein kann, muss ich unbedingt festhalten. Landete hier kürzlich doch eine Nachricht, ich möge bitte Marga besuchen, die in Singen im Krankenhaus liege und schwer krank sei. Er sei der Sohn, den wir gar nicht kannten. Natürlich glaubte ich erst an einen schlechten Scherz, da kein Nachname auf der Mitteilung stand. Mir fiel nur Marga ein, die wir von Teneriffa kennen. Eine Telefon-Nummer vom Krankenhaus in Singen war angegeben. Ich versuchte gleich mein Glück. Tatsächlich war sie am anderen Ende. Wie oft hatte sie an mich gedacht, die ich am Bodensee lebe und sie so fern von der Heimat auf der Intensivstation auf der anderen Seite des Bodensees. Übers Internet und Teneriffa war der Sohn schließlich an unsere Adresse gekommen.

Schon sehr bald nach dem Telefonat fuhren Hermann und ich zu Marga. Wir erfuhren, dass sie und ihre Freundin einen speziellen Urlaub auf der Höri machen wollten. Doch dann geschah das schreckliche Unheil: eine Darmverschlingung mit furchtbaren Folgen hatte die Ärmste ereilt. Marga lag zwar nicht mehr auf der Intensivstation, war aber sehr leidend und an eine Entlassung noch lange nicht zu denken. Inzwischen berichtete sie am Telefon, dass noch einige liebe Bekannte den weiten Weg zu ihr gefunden hatten. Wie es weitergeht, bleibt abzuwarten. Da hilft wirklich nur hoffen und beten! Auf der Intensivstation muss es für die Schwerkranke grausam gewesen sein, sie durfte nichts essen und nichts trinken. Und ein Telefon hatte sie auch nicht - dies alles fern der Heimat. Aus Trübsal und Verzagen, Hoffen und Vertrauen bestanden wohl die Tage und Nächte. Jetzt ist Marga rund um die Uhr zu erreichen und schon sieht die Welt ganz anders aus.

Ich vermag nicht zu sagen, ob sie in *Santa Cruz* die gleich guten qualifizierten Ärzte, die gleich gute Behandlung wie hier in dieser Fachklinik gehabt hätte. Die Bekannten, die auf der Insel ins Krankenhaus mussten, waren durchweg zufrieden, es haperte natürlich immer an der Sprache. Allein aus unserem Haus in *Costa del Silencio* sind drei Herren in ein Pflegeheim gekommen, die aber alle zufrieden mit dem ganzen Umfeld waren. Die Pflegeheime sind dort um einiges billiger.

Wenn ich an unsere nette Nachbarin Lisa denke, die erst in ihrer Wohnung einen Herzinfarkt, danach noch einen Schlaganfall erlitt, wie diese Frau hilflos auf der Intensivstation lag und jetzt wieder gesund und munter ist, dann kann man nur Gutes von den meisten Hospitals berichten. Meine Tochter Gerlinde und ich hatten das Glück, dass wir sie besuchen durften, dies nur dadurch, dass Gerlinde auch Ärztin ist und dort von einem Arzt zur Patientin ans Bett geführt wurde. Die zwei Krankenschwestern, die uns dann entdeckten, sind bald ausgeflippt, da waren wir aber schon zwanzig Minuten im Raum und hatten die ganze Lage durchschaut, mit Lisa gesprochen und konnten dann im Haus *Chasna*, am schwarzen Brett, Mitteilung machen. Leichtsinnig war es schon, dass wir zwei Besucherinnen so ganz ohne jeglichen Schutz an Lisas Bett durften. Interessant ist jedoch: Lisa konnte sich kaum an unseren Besuch erinnern. Als ich ihr später zwei Fotos von dem besonderen „Hotelzimmer" schenkte, war sie ganz überrascht.

Somit kann ich heute sagen, dass man sich vor einer plötzlichen Erkrankung auf Teneriffa nicht *mehr* fürchten muss als in Deutschland. Und selbstverständlich gibt es immer wieder Unfälle, beinahe alle älteren Leute wandern gern und viel. Allerdings werden die Wanderer im Durchschnitt jünger. Wege haben unterschiedliche Qualitäten, das muss man betonen. Unterwegs trifft man meistens sowieso nur fröhliche Menschen, die es sich in den Bergen und an den Stränden gut gehen lassen. Wir schätzen alle Wege, auch die unscheinbaren kleinen.

Sollte man mal plötzlich nach Hause fliegen müssen, ist man in viereinhalb Stunden daheim. Wenn es nur immer so gut klappt mit der Fliegerei. Rund 35 Mal bin ich jetzt schon auf die Insel geflogen, ab Stuttgart, München, Zürich, aber hauptsächlich ab Friedrichshafen. Es gab nie böse Überraschungen, im Gegenteil, für unser Übergewicht mussten wir erst einmal bezahlen, von Teneriffa aus. Ich vermag nicht auszurechnen, wieviel Zentner Übergepäck wir schon transportiert haben. Im Spätsommer 2013 buchte ich für meine Freundin Irene und mich per Internet einen Hin- und Rückflug Friedrichshafen-Teneriffa, Bezahlung über meine Kreditkarte. Ich bekam die Bestätigung mit Flug-Nummer und allem, was dazu gehört über Mails, die ich ausdruckte. Am 2. November erklärte man mir auf dem Flugplatz in Friedrichshafen, dass auf dem Computer zwar Irene, aber nicht ich ausgewiesen sei. Meine gesamten Unterlagen hatte ich selbstverständlich dabei. Da wir die Dame am Schalter persönlich kannten, bekam ich Hoffnung, nachdem sie sich auf den Weg zum TUI-Flug-Schalter machte. Trotz Unterlagen war ich nirgends registriert. Ich bekam den letzten freien Platz im Flugzeug – direkt neben der Toilette, vermutlich ein Notsitz.

Irene hatte ihren ausgewählten Platz, und ich musste froh sein, überhaupt mitgenommen zu werden. Somit war auch der Heimflug, vier Wochen später, nirgends registriert, wie man mir in Deutschland im Büro mehrmals versicherte. Ich musste nochmals bezahlen - durch die besonderen Umstände wohl etwas zu spät - denn es gab für mich keinen Platz mehr im Flugzeug nach Friedrichshafen. Irene musste alleine fliegen, ich flog acht Tage später. In meiner Maschine gab es noch jede Menge freie Plätze, und ich war neugierig, wie so etwas möglich sein konnte. Der freundliche Stuart erklärte mir, dass in dem Flugzeug vor einer Woche auch jede Menge freie Plätze zur Verfügung gestanden hätten. Wegen vermehrtem Bedarf an Sitzplätzen hatte man eine größere Maschine einsetzen müssen. Ich war drauf und dran auszuflippen, ließ mich aber beruhigen, als ich hörte, wie unmöglich es gewesen wäre, mich am Vorabend zu benachrichtigen. Ich hätte es so kurzfristig auch gar nicht geschafft, meine Zelte abzubrechen.

Daheim angekommen, war mein erster Gang zur Bank. War doch tatsächlich *mein* Flug gar nicht von der Kreditkarte abgebucht worden, nur der meiner Freundin Irene. Auf der Insel stand mir kein Kontoauszug zur Verfügung. Ich war mir sowieso ganz sicher, dass ich bei TUIfly meine Rechte geltend machen könnte. Was ich allein an Telefonkosten nach Deutschland aufgrund langer Warteschleifen gehabt hatte! Ich freute mich schon auf einen Freiflug im Dezember. Ganz still wurde ich dann, als feststand, dass mein Flug nach Teneriffa-Süd nirgends abgebucht worden war. Auch das gibt es!

Straßenschmuck in der Weihnachtszeit: Ein Baum
aus lauter Weihnachtssternen

Der Winter 2014/15 wird unser 18. Winteraufenthalt auf der Insel des ewigen Frühlings sein. Bisher ging es uns dort immer bestens. Wir sind natürlich sehr zu Dank verpflichtet, denken aber jetzt aus Altersgründen an den Verkauf unserer geliebten Wohnung, Kontakte haben wir bereits aufgenommen. Zum Glück ist im Moment noch keine Eile geboten. Mit Sicherheit wird sich jemand finden, der nach einer vernünftigen Geldanlage Ausschau hält.

Leider mussten wir im Haus in den letzten Jahren mehrmals von lieb gewonnenen Nachbarn und Bekannten Abschied nehmen. Somit gibt es schon einige neue Eigentümer. Oftmals lernten wir auch die Erben dieser alt gewordenen Menschen kennen. Unseren Freunden Gisela und Willi geht es auf der Insel zwar wesentlich besser als in Deutschland, aber die wunderschönen gemeinsamen Wanderungen gehören der Vergangenheit an.

Vermissen werde ich den Blick auf den Teide – der dritthöchste Inselvulkan der Erde sowie der höchste Berg Spaniens - direkt von unserem Treppenhaus aus. Täglich erwacht er mit der Morgenröte und offenbart seine majestätische Gestalt. Auch Naturliebhaber haben es einfach. Gleich hinter unserem Haus beginnt das Naturschutzgebiet, der *Montaña Amarilla*. Kein Wunder, dass so viele Menschen die *Costa del Silencio* schätzen und lieben.

Das Alter fordert seinen Tribut. Aber ich meine, solange man noch Neugierde hat und staunen kann, ist das Alter egal. Ich klage nicht über die vergangenen Jahre. Habe ich sie doch erlebt und mit Freuden erlebt. Ich schaue dankbar auf sie zurück. Deshalb war es mir so wichtig, meine Erinnerungen festzuhalten.

Alles hat seine Zeit. Der Ort, an dem wir die Chance unseres Lebens erkannten, wird weiter bestehen, auch wenn wir keine Möglichkeit mehr haben werden, diesen aufzusuchen.

Diesen traumhaften Ausblick von unserem Haus werde ich sehr vermissen.